Renate Ferrari

Spür die Stille

Ein Besinnungs- und Ideenbuch
für Eltern und Kinder

im Advent

Christophorus

Inhalt

Stille und Besinnlichkeit

Eigene Wege gehen

Advent und Weihnachten nehmen einen wichtigen Platz im Jahreskreis ein, und jeder verbindet die Zeit mit Erinnerungen an seine Kindheit. Nicht selten möchten wir die schönen Gefühle von damals auch in unsere eigene, neue Familie einbringen. Und wir sehnen uns danach, wirkliche Weihnachtsstimmung zu erleben – besinnlich und in Ruhe.

Die Werbung tut ein Übriges, so daß unsere Erwartungen sehr hoch sind. Immer mehr will in diese Wochen gepackt werden, zugleich scheint die Zeit immer schneller zu vergehen. Die Erfüllung unserer Wünsche wird immer schwieriger. Wie können wir Advent und Weihnachten als „die schönste Zeit des Jahres“, als „das Fest der Liebe und der Familie“ erfahren und genießen?

Dieses Buch zeigt Wege auf, wie Sie und Ihre Familie Geborgenheit und Ruhe, Besinnung und Stille wiederentdecken. Mit scheinbar unbedeutenden Kleinigkeiten. Keine großen Aktionen, nur Momente hier und da. Rituale, die Ruhe schenken und den Advent zu etwas ganz Besonderem werden lassen. Ein paar Minuten, in denen Stille zum Erlebnis wird. Kleine Höhepunkte, die uns aufmerksam machen und Weihnachtsfreude wecken.

Wenn Sie bereits entschlossen sind, mehr Ruhe und Besinnlichkeit in Ihre Adventszeit einfließen zu lassen, dann ist der wichtige erste Schritt schon getan. Besonders leicht wird alles weitere, wenn Sie auch den üblichen Adventsstreß umgehen – auf eigenen Wegen. Und Pausen zu Ihrer Entspannung einlegen. Anregungen hierzu bringt das erste Kapitel.

Von der Sehnsucht im Advent

Weniger ist mehr: 10 Tips, die im Advent mehr Ruhe bringen

Advent ohne Streß! Haben Sie sich schon einmal gefragt, was Ihnen in dieser Zeit Streß bereitet? Ist es die Jagd nach originellen Geschenken, die Suche nach immer neuem Advents- und Weihnachtsschmuck? Ist es „das Muß", mit den Kindern sortenweise Plätzchen zu backen, mit top-aktuellen Materialien zu basteln, ihnen besondere Attraktionen wie Weihnachtstheater oder Nikolausfeiern zu bieten? Oder ist es die Weihnachtspost, die pünktlich Freunde und Verwandte erreichen soll? Oder ...

Wie dem auch sei, es geht auch anders. Versuchen Sie, im Advent eigene Wege zu gehen. Die folgenden Anregungen helfen Ihnen dabei.

Einkaufen – ohne Kinder geht's leichter

- Vermeiden Sie unnötige „Ausflüge in die Geschäftswelt"! Damit schonen Sie Ihre Nerven und Ihr Zeitbudget.
- Legen Sie eine Einkaufsliste an, auf der Sie schon an den Tagen zuvor notieren, was Sie brauchen.
- Bitten Sie eine Nachbarin, Freundin oder Bekannte, sich an einem Ihrer Einkaufstage um Ihr Kind oder Ihre Kinder zu kümmern.
- Planen Sie für diesen kinderfreien Einkauf auf jeden Fall genügend Zeit ein! Kinder sind auch gern mal länger in einer anderen Familie.
- Nach dem Einkauf packen Sie zu Hause erst mal alles in Ruhe aus und verschnaufen Sie kurz. Erst dann werden die Kinder abgeholt.
- Ganz klar, an einem anderen Tag übernehmen Sie die Kinder Ihrer „Gastfamilie".

Advents- und Weihnachtsschmuck – in Maßen

- Der Adventskranz muß kein ausgefallenes Floristenstück sein. Nehmen Sie einen einfachen Tannenkranz, stecken Sie Kerzenhalter hinein, dann Stumpenkerzen darauf und fertig. Die Kerzenhalter können Sie jedes Jahr verwenden. Im Laufe der Adventszeit schmückt Ihre Familie den Kranz nach Belieben aus: mit Nüssen, kleine Zapfen, Äpfeln ...

- Sie können auch vier dicke, hohe Stumpenkerzen auf einen großen Teller (Tortenplatte) stellen (mit heißem Wachs befestigen) und Tannenzweige dazulegen. Dieser Adventsschmuck ist auch noch am Tag vor dem 1. Advent schnell gemacht.

Fenster, Nischen, Tische müssen nicht alljährlich mit Neuheiten geschmückt werden! Verwenden Sie Materialien vom Vorjahr. Das spart Geld und Einkaufszeit. Außerdem lieben Kinder es, Bekanntes wieder zu entdecken.

Der Advent dauert vier Wochen – warum soll am ersten Advent alles perfekt weihnachtlich aussehen? Die Wohnung kann nach und nach etwas mehr geschmückt werden. Vermeiden Sie den Streß, den sich viele mit übermäßigem Schmücken von Wohnungen und Gärten bereiten! Auch hier gilt: Weniger ist oft mehr!

Einerlei in der Weihnachtsbäckerei

Es gibt Hunderte guter Rezepte für die Adventsbäckerei, aber je mehr Sorten man backen will, desto mehr Zeit benötigt man. Wer Kindern ein Backerlebnis bieten möchte, kann sich auch auf eine Teigart beschränken. Außer Makronen- und Rührteig läßt sich wohl jeder Teig am Tag zuvor vorbereiten – Kinder schauen dabei gerne zu. Am nächsten Tag wird dann gemeinsam ausgestochen, geformt und gepinselt.

Geben Sie Kindern Mini-Ausstechförmchen. Kinderhände können kleine Teigteilchen leichter aufs Blech transportieren, und außerdem ergeben Miniförmchen mehr Plätzchen.

Wie wär´s, wenn Sie einen Weihnachtsplätzchen-Tauschhandel unter Ihren Freunden organisieren? Jeder backt von seiner Lieblingssorte etwas mehr und tauscht einiges gegen andere Sorten ein. So kommen Sie ohne Streß zu einem bunten Plätzchenteller.

Was soll ich bloß schenken?

Lassen Sie sich rechtzeitig von Ihren Lieben eine Wunschliste erstellen, und wählen Sie daraus aus, um gezielt einzukaufen. Das erspart mühseliges Herumlaufen von Geschäft zu Geschäft.

Oder wie wär´s mit folgenden einfachen Geschenkideen?

- Ein „Kindergemälde“ auf einen festen Karton geklebt, der etwas größer als das Bild selbst ist. Ein liebenswertes Kunstwerk aus Kinderhand!
- Sinnreiche Sprüche oder Weisheiten mit Gold- oder Silberstift auf edlem Papier geschrieben.
- Ein Glas mit getrockneten Kräutern oder selbstgemachter Marmelade.
- Kleine Köstlichkeiten zum Naschen (Beispiele Seite 74/75).
- Ein selbstgezogenes Pflänzchen für die Fensterbank.
- Fotos, die Sie von Ihrer Familie, von Ihren Freunden gemacht haben.
- Haben Sie Mut, die „Geschenkekette“ auch mal zu durchbrechen und Ihre Lieben mit einem Besuch, einem ausführlichen Brief oder einer Einladung zum Tee zu erfreuen.

Heimlichkeiten vor den Kindern? Warum nicht?

Richten Sie sich zu Hause eine Ecke ein, die in den Adventstagen nur Ihnen „gehört". Hier können Sie Geschenke basteln oder verpacken, die Ihre Kinder nicht sehen dürfen, oder Vorbereitungen treffen, bei denen Sie ungestört sein wollen. „Halt! Eintritt (oder Einblick) nicht gestattet. Hier ist meine Adventsstube!", heißt es dann in nettem, aber strengem Ton. Solche „Heimlichkeiten" erhöhen bei den Kindern die Vorfreude auf Weihnachten. Und Sie können wirklich „kinderfreie Zeiten" für andere Tätigkeiten oder zur Entspannung nutzen.

Weihnachtspost – des einen Freud', des anderen Leid

„Frohe Weihnachten!" Wenn Sie all Ihren Freunden und Verwandten Grüße diese Art schicken möchten, benötigen Sie viel Zeit, und irgendwann vergeht Ihnen die Lust am Schreiben. Versuchen Sie´s doch einmal damit: Schreiben Sie in einem kleinen persönlichen Jahresbericht, was Ihre Familie seit der letzten Weihnachtszeit erlebt hat. Kopieren Sie diesen Brief für Ihre Freunde und Verwandten – und ab damit. Sie werden staunen, wieviel Freude der Brief auslöst! Er ist ein liebevolles kleines Geschenk.

Alles nur Theater?

Weihnachtszirkus, Weihnachtsspiel, Weihnachtsmarkt, Weihnachtsfeier, Weihnachtskaffee, Weihnachtsbasar ... Muß das alles sein? Gewiß nicht. Besonders dann nicht, wenn Ihnen die Zeit ohnehin knapp erscheint. Haben Sie den Mut, nein zu sagen. Oft bringen Vorbereitungen und Veranstaltungen mehr Streß als Erholung. Alternativ dazu können Sie Ihrem Kind in schöner, ruhiger Atmosphäre ein Märchen oder eine Weihnachtsgeschichte vorlesen.

Alles zu seiner Zeit

„Fröhliche Weihnacht überall ..." – aber nicht schon zuvor!

Wenn Kinder schon lange vor dem 6. Dezember bunte Schoko-Nikoläuse bekommen, sind Nikolausstiefel, in denen „nur" Schokolade, Nüsse, Mandarinen stecken, keine Besonderheit mehr. Mein Tip: Kaufen Sie Nikoläuse, Marzipankartoffeln, Spekulatius, Christstollen, aber auch Orangen oder Mandarinen möglichst nicht im Beisein Ihrer Kinder, und präsentieren Sie diese weihnachtlichen Spezereien nur zu besonderen Anlässen, als Überraschung sozusagen. Wer als Kind Mandarinen immer erst zum Nikolaustag bekommt, wird sich riesig darauf freuen und davon überzeugt sein, daß Nikolausmandarinen am besten schmecken! Ebenso

sollten bestimmte Süßigkeiten erst am Heilig Abend auf den großen bunten Teller kommen. An keinem anderen Tag im Jahr schmecken Marzipan und Printen so gut.
Wer so vorgeht, schenkt seiner Familie – ohne Aufwand zu betreiben – besondere Weihnachtsfreude.

Weihnachtsbäume im Advent?

Wer seinen Kindern eine große Weihnachtsfreude bewahren möchte, stellt erst zum Heiligen Abend einen Christbaum mit Kerzen auf. Schade, daß bei vielen Feierlichkeiten, die Kinder im Advent besuchen, bereits Lichterbäume strahlen. Auch viele Vorgärten sind heute sehr früh damit geschmückt. Kerzengeschmückte Adventskränze und Fensterbänke genügen doch völlig. Wenn das Erlebnis vom lichtgeschmückten Baum mit Spannung erwartet wird und das Weihnachtsfest „krönt", sind das Staunen, die Ruhe und Freude der Kinder um so größer. Danach kann der Baum dann bis zum Dreikönigsfest oder gar bis Anfang Februar (Maria Lichtmeß) stehenbleiben.

Sich auf Besuch freuen – ohne Streß

Besuch im Advent oder an den Festtagen muß nicht mit Streß und Unruhe verbunden sein. Fordern Sie von sich nur das, was Sie auch gerne geben möchten! Wohnung und Kaffeetisch müssen nicht so festlich geschmückt sein wie in den Illustrierten. Und um des Essens willen besucht man sich heute auch nicht mehr. Wichtig allein ist, daß Sie Muße und innere Ruhe haben, um sich gern auf Ihre Gäste einzulassen.
Damit Sie möglichst wenig Arbeit mit den Vorbereitungen haben, hier ein paar Tips:

- Statt jedem sein Lieblingsgetränk zuzubereiten, laden Sie doch ganz einfach zum „Adventspunsch" ein: einer Teemischung mit typischen Weihnachtsgewürzen, die Erwachsene wie Kinder trinken können. Dazu gibt´s Adventsgebäck oder Zimtbrot: Die Brotscheiben werden goldgelb getoastet und noch heiß mit Butter bestrichen; Ahornsirup darauf verteilen und mit Zimt überpudern. Zimttoast können sich Gäste gut selber bereiten, wenn alles Nötige auf dem Tisch steht.
- Anstelle von Adventskaffee und -kuchen können Sie auch Nüsse anbieten: Haselnuß, Erdnuß, Walnuß, Paranuß und andere Sorten werden geknackt und geknabbert, dazu wird geplaudert und gespielt.
- Als Tischschmuck reichen der Adventskranz und rote Servietten oder auch Tannenzweige und Apfellichter völlig aus.

Entspannt durch den Tag

Wer den Advent als stille Zeit erleben möchte, der beginnt am besten schon in den Morgenstunden Ruhe und Kraft für den Tag zu sammeln. Und wer der Hektik des Alltags entfliehen möchte, sollte sich unbedingt zwischendurch ein paar Minuten Entspannung gönnen. Ganz für sich allein.

Morgenstund'

Zumindest einige Minuten früh am Morgen sollten Ihnen allein gehören. Noch ist der Tag wie eine zarte Knospe. Achten Sie darauf, daß er nicht schon in den Morgenstunden verblüht und welkt.

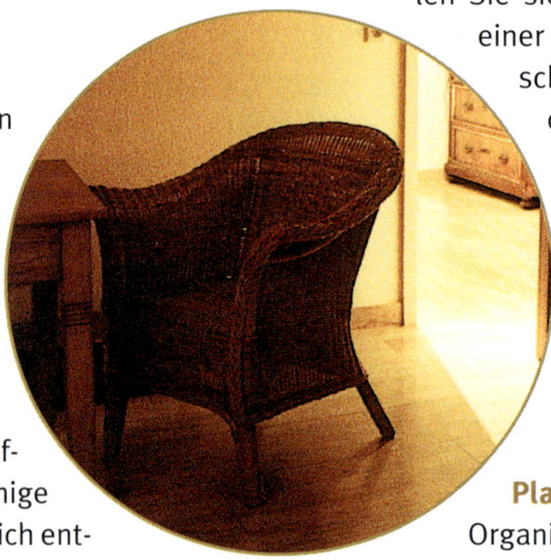

- Bleiben Sie nach dem Aufwachen noch ein paar wenige Minuten im Bett. Legen Sie sich entspannt auf den Rücken und spüren Sie ihrem Körper nach: Kopf, Rücken, Po, die langgestreckten Beine und Arme liegen warm auf der Matratze.
- Oder Sie rollen sich auf die Seite und schwingen die Füße aus dem Bett, stehen auf, recken und strecken sich ausgiebig, gähnen. Atmen Sie ruhig aus und ein, stellen Sie sich ans Fenster und schauen Sie kurz, aber aufmerksam hinaus: Selbst wenn Sie draußen zuerst nur Dunkelheit sehen, werden Sie das eine oder andere bemerken. Und was ist zu hören? – Nochmals recken und strecken und dem neuen Tag entgegengehen.
- Gehen Sie ins Bad. Sorgen Sie dafür, daß Sie hier allein sind, wenigstens zwei Minuten. Wecken Sie Ihr Gesicht mit kaltem Wasser. Stellen Sie sich dabei vor, Sie würden an einer klaren Quelle stehen, das frische Quellwasser in den Händen halten und das Gesicht damit waschen. Erfreuen Sie sich an dem kalten Wasser, das durch Ihre Hände fließt. – Bürsten Sie sich dann ausgiebig Ihr Haar: Diese kleine sanfte Kopfmassage wird Sie beleben!

Planen Sie Pausen ein

Organisieren und planen Sie auch Tag für Tag, damit in der Familie, im Beruf, im Umfeld der Kinder alles klappt und funktioniert? Doch nicht nur Aktionen, auch Pausen lassen sich einplanen. Planen Sie eine feste Zeit im Tag ein, die nur Ihnen gehört. Zeit zum Verweilen, zum Betrachten, zum Nachdenken. Zeit, um sich selbst zu entdecken. Das kann nach dem

Frühstück sein, wenn alle aus dem Haus sind, vor oder nach dem Mittagessen, am Nachmittag oder vor dem Schlafengehen. Wenigstens ein paar Minuten. Wichtig ist nur, daß Sie diese Zeit zu *Ihrer* Zeit erklären.

Zunächst wird es Ihnen vielleicht schwerfallen, Pausen ganz für sich zu genießen. Doch wenn Sie immer wieder möglichst zur gleichen Zeit versuchen, Ihre Pause zu machen, werden Sie nach ein paar Tagen feststellen, daß auch Sie abschalten und sich entspannen können. Spül- und Waschmaschine, Radio, Fernsehen, wenn nötig auch das Telefon bleiben in diesen Minuten abgestellt. Damit Sie sich selbst ganz nahe sein können.

- Setzen oder legen Sie sich bequem hin. Ein weiches Kissen, eine kuschlige Decke kann dabei hilfreich sein. Schließen Sie die Augen, und spüren Sie Ihrem Atem nach. Entspannen Sie Ihr Gesicht – Stirn, Augen, Wangen, den Mund, die Zunge. Ihre Beine und Arme, Ihr ganzer Körper sind gelockert und schwer ... Denken Sie an etwas, was Ihnen Freude bereitet hat, träumen Sie von etwas Schönem.

- Genießen Sie in entspannter Haltung ruhige Musik, wenn nötig mit Kopfhörer, damit keine anderen Geräusche Sie ablenken. Lassen Sie sich von der Musik leiten. Tauchen Sie in eine andere Welt ein.

- Entspannen Sie sich ganz allein bei einem Glas Tee, einer Tasse Kaffee, einem Gläschen Feierabendwein, bei ein paar feinen Pralinen oder einem Stückchen besonders guter Schokolade. Atmen Sie den Duft ein, spüren Sie dem Geschmack nach – genießen Sie.
- Stellen oder setzen Sie sich an einem wolkenreichen Tag ans Fenster, und betrachten Sie den Himmel. Auf welcher Wolke möchten Sie verreisen? Gehen Sie auf Traumreise ...
- Machen Sie einen kurzen Spaziergang – nur Ihre Gedanken begleiten Ihren Schritt. Gehen Sie ruhig und entspannt ohne besonderes Ziel, und kehren Sie, in sich selbst ruhend, zurück.
- Betrachten Sie bei sich zu Hause voller Aufmerksamkeit ein schönes Bild, eine Pflanze, eine einzelne Blüte. Weiter nichts. Erfreuen Sie sich daran. Auch ein Zweig, Gräser oder trockene Blütendolden in einem Krug oder auf einem Tuch sind bewundernswert. Entdecken Sie das Wunder!
- Lesen Sie ein Gedicht, eine kleine Erzählung. Legen oder setzen Sie sich dabei bequem hin, lagern Sie die Füße hoch.
- Auch ein Hobby, das Ihnen Freude bereitet, hilft, vom Alltag zu entspannen.

Wenn es doch mal hektisch wird

Zwischendurch: Entspannung im Sitzen

Wenn Ihnen der Kopf raucht, Sie sich gestreßt fühlen oder gar Kopfschmerzen drohen oder wenn Sie ganz einfach kurz abschalten wollen, bringt folgende Übung Entspannung im Sitzen.

- Rutschen Sie auf dem Stuhl bis zur Vorderkante, und bleiben Sie mit leicht geöffneten Beinen sitzen. Die Unterarme legen Sie auf die Knie. Oberkörper und Kopf neigen Sie – betont lässig – nach vorne.
- Schließen Sie die Augen, und atmen Sie ruhig ein und aus. Entspannen Sie dabei ganz bewußt Nacken, Schultern, Arme und Beine. Bleiben Sie zwei bis drei Minuten oder länger so sitzen, und spüren Sie, wie Sie immer schwerer werden.
- Nun spannen Sie die Arme kurz und kräftig an, atmen tief durch, öffnen die Augen und recken und strecken Sie sich auf dem Stuhl oder im Stehen wie nach einem erholsamen Schlaf.

Gönnen Sie sich diese Entspannungsminuten täglich, auch zwischendurch am Arbeitsplatz. Entspannt können Sie den Alltag besser bewältigen.

Allein oder zu zweit: Massage für Schultern und Nacken

„Alles lastet auf meinen Schultern!“ Nicht selten spüren wir bei hohen Anforderungen im Nacken-Schulter-Bereich Verspannungen. Wenn für ein entspannendes Bad keine Zeit bleibt, versuchen Sie´s einmal mit einer Selbstmassage.

Setzen Sie sich bequem auf eine warme Unterlage auf dem Boden. Nehmen Sie etwas Massageöl in Ihre Hände. Wiederholen Sie die folgenden Bewegungen jeweils drei bis fünf mal.

- Setzen Sie sich aufrecht und atmen Sie ein. Ziehen Sie dabei Ihre Schultern hoch. Beim Ausatmen lassen Sie die Schultern fallen. Wenn Ihnen danach ist, können Sie hierbei stöhnen oder seufzen.
- Legen Sie Ihre rechte Hand auf die linke Halsseite, und streichen Sie von hier aus langsam über die Schulter bis hin zum linken Oberarm.
- Den gleichen Weg wiederholen Sie mit kreisenden Bewegungen: vom Hals bis zu den Schultern.
- Nun legen Sie die rechte Hand auf die linke Schulter. Streichen Sie hier mit dem Daumen fest vom Halsansatz hinunter zur Schulter.
- Dann streichen Sie nochmals mit der flachen Hand vom Nacken über die Schulter zum Oberarm.

Grundrezept für ein Massageöl

Nehmen Sie ein Basisöl (Sesam- oder Sonnenblumenöl, Wildrosen-, Mandel- oder Jojabaöl), und fügen Sie ein klein wenig ätherisches Öl hinzu. (Vanille und Lavendelöl wirken beruhigend.) Als Faustregel für die Mischung gilt: 10 ml Basisöl und ein Tropfen ätherisches Öl. Ätherisches Öl nicht pur, sondern nur als Zusatz verwenden. Kaufen Sie möglichst nur biologische, ungeröstete und kaltgepreßte Pflanzenöle. Vermeiden Sie Öle aus Petroleum.

- Die gleichen Bewegungen führen Sie mit der linken Hand auf der rechten Seite aus.
- Zum Schluß können Sie mit den Fingerspitzen beider Hände Ihr Genick sanft massieren. Setzen Sie Ihre Finger direkt unterhalb des Schädelknochens an, und streichen Sie sanft neben den Halswirbeln am Genick entlang.

Denken Sie bei der Massage an etwas Angenehmes, genießen Sie die wenigen Minuten. Vielleicht massiert Sie auch Ihr Partner, Ihre Partnerin!

Untertauchen – wenn es doch mal hektisch war

Wenn die Gemüts- und Streßwellen ein wenig zu hoch waren, gönnen Sie sich am Abend doch ein Entspannungs- und Gute-Laune-Bad. Geben Sie 20 bis 30 Tropfen eines ätherischen Öls in einen Viertel Liter Vollmilch. Die Milch wirkt hier als natürlicher Emulgator, so kann sich das Öl mit dem Badewasser vermischen. Sie werden staunen, wie wohl Sie sich nach dem Bad in Ihrer Haut fühlen.

Übrigens: Rosmarinöl regt an und ist empfehlenswert bei Streß. Lavendelöl beruhigt, stärkt die Nerven und fördert einen guten Schlaf. Sie können auch eine Handvoll Lavendelblüten zehn Minuten in kochendem Wasser ziehen lassen und den Sud ins Badewasser geben.

Für ein „Advents-Tannenbad“ nehmen Sie den Sud von 150 g Tannen- oder Fichtennadeln, die Sie in einem Liter Wasser gekocht haben. Dieses Bad wirkt beruhigend, entspannend und nervenstärkend.

Nicht nur zur Weihnachtszeit:

Advent – die schönste Zeit für Rituale

Der Kuß zum Abschied und beim Wiedersehen, die Gute-Nacht-Geschichte, das gemeinsame Frühstück am Sonntag oder alle Jahre wieder der Nikolausstiefel vor der Tür und der Adventskranz mit seinen Kerzen ... Solche Rituale sind Regelmäßigkeiten, die uns gut tun. Sie helfen uns, ohne daß wir es merken, den Arbeitsalltag vom Feierabend zu unterschieden, den Tag von der Nacht, den Sonntag vom Werktag, die eine Jahreszeit von der anderen. Sie sind kleine Höhepunkte und Haltepunkte in einer hektischen, unüberschaubaren Welt.

Sind Feste, Tages- und Jahreszeiten mit Ritualen verbunden, kann sich die ganze Familie daran orientieren. Insbesondere Kindern helfen Rituale, das Leben zu strukturieren. Rituale wecken Vorfreude und Freude am Wiedererkennen, sie geben ein Stück Geborgenheit und Sicherheit, Stärke und Halt und können die Beziehung zum Nächsten festigen. Wir wissen, auf das Bewährte ist Verlaß, wir brauchen nicht ständig Neues zu suchen, dies spart Zeit und schenkt uns Ruhe und Entspannung ...

Kleine Rituale schenken Ruhe

Guten-Morgen-Rituale

Rituale aus der Kindheit

Denken Sie einmal an Ihre Kindheit. Welche Rituale fallen Ihnen ein? Bestimmt hatten Sie einige besonders liebgewonnen. Vielleicht haben Sie ja die Möglichkeit, das eine oder andere dieser Rituale nun in Ihrer Familie einzuführen.

Frühstück bei Kerzenschein

Gerade im Dezember ist es morgens noch sehr dunkel. Doch dies kann für so manches Ritual von Vorteil sein, zum Beispiel für ein Frühstück bei Kerzenschein.

Bevor das Frühstück beginnt, wird allmorgendlich eine Kerze auf dem Tisch angezündet. Es kann eine Kerze auf dem Adventskranz sein, eine einfache Kerze in einem Sternenständer oder eine kleine Kerze, die in einem roten Apfel steckt.

Frühstück mit Adventsgeschmack

- Auch ein besonderer Brotaufstrich, der alle Jahre wieder nur im Advent serviert wird, kann das Frühstück verschönern: etwa Orangenkonfitüre oder Apfel-Birnen-Mus oder gar ein Zimt-Toast (Seite 9).
- Oder für jeden ein Stückchen Hutzelbrot, das nach Dörröbst, Korinthen, Mandeln und Feigen, etwas Zimt und Nelken schmeckt.

Sag mir, wie war die Nacht? Was bringt der Tag?

- Erzählen Sie einander, wie Sie geschlafen oder was Sie geträumt haben. Die „Großen“ gehen am besten mit gutem Beispiel voran. Versuchen Sie aber nicht, Träume Ihrer Kinder zu deuten oder Gründe für einen schlechten Traum zu finden („ ... weil du gestern zuviel fern gesehen hast ...“). Zeigen Sie einfach nur Interesse. Es tut gut und macht den Start in den Tag leichter, wenn man die Nacht und den Morgen miteinander verbindet, und es entlastet, wenn man auch einmal einen bösen Traum erzählen kann.
- Sprechen Sie über das, was der neue Tag bringen wird. Erzählen Sie, was Sie geplant haben. Dabei können Sie kurz überprüfen, ob Sie nicht zuviel in Ihren „Tageskalender“ gepackt haben. Bei so einem kleinen „Planungsgespräch“ wird gewiß auch Ihr Kind von sich erzählen. Vielleicht erfahren Sie, daß es sich vor etwas ängstigt, etwa vor dem Hund, den es auf dem Weg zum Kindergarten trifft, oder vor einem Kind in seiner

Gruppe. Vielleicht freut es sich auch auf etwas ganz Besonderes! Oder es hat sich etwas vorgenommen, was ihm wichtig ist, wozu es aber noch nicht so recht den Mut findet.

Guten Morgen, liebe Sonne

Der dunkle Dezember bietet die Gelegenheit, den Aufgang der Sonne oder die Morgendämmerung zu beobachten (je nach Datum zwischen 7.20 Uhr und 7.50 Uhr). Dazu bedarf es nur weniger Minuten; sie geben Ihnen die Möglichkeit, den Tag mit Ruhe anzugehen. Am besten stellen Sie sich gemeinsam an ein Fenster, das nach Osten zeigt. Sie können beobachten, daß der Sonnenaufgang nicht bei jedem Wetter zu sehen ist und daß der dunklen Nacht nicht sofort der helle Tag folgt. Dazwischen kommt die Dämmerung, die uns auf den Tag einstimmt. Das Sonnen-Aufgangs-Erlebnis können Sie als Ritual direkt nach dem Aufstehen, vor oder nach dem Frühstück einführen – der Ablauf sollte aber immer gleich sein. Wann die Sonne aufgeht, erfahren Sie über den Rundfunk oder in etwa auch aus manchen Kalendern.

Im Osten geht die Sonne auf.
Im Süden nimmt sie ihren Lauf.
Im Westen wird sie untergehn.
Im Norden ist sie nie zu sehn.

Kuschelminuten

Auch allmorgendliches Schmusen und Kuscheln am Frühstückstisch (stets vor oder immer nach dem Essen) kann zum Ritual werden. Nehmen Sie Ihr Kind auf den Schoß – sofern das Ihr Kind auch mag! Drücken Sie es an sich, geben Sie ihm einen Kuß, streicheln Sie es. Dieses Minutenkuscheln kann beispielsweise immer dem gemeinsamen Frühstück folgen, danach wird die Kerze ausgeblasen, das Licht angeknipst, der Tisch abgeräumt – und das Frühstücks-Ritual ist beendet.

Zum Abschied

Beim alltäglichen Abschied ist es ganz besonders wichtig, daß er mit einem kleinen Ritual verbunden wird: sich in den Arm nehmen und einen guten Tag wünschen; sich zuwinken und einen „fliegenden Kuß" senden; oder sich mit einem kleinen Vers verabschieden:

Tschüs und tschau,
ich muß jetzt gehn.
Freu' mich schon aufs Wiedersehn.

Guten-Appetit-Rituale

Lieben auch Sie es, gesellig an einem hübsch gedeckten Tisch zu essen? Kindern geht es ebenso. Nur leider ist diese schöne Sitte in vielen Familien verloren gegangen. Vielleicht gelingt es Ihnen, wenigstens eine Mahlzeit gemeinsam einzunehmen. Wenn schon am Morgen jeder seine eigene Aufbruchzeit hat, am Mittag nicht alle zusammen zu Hause sein können, sollte wenigstens das Abendessen im Advent genutzt und als Ritual wiederentdeckt werden. Durch Kleinigkeiten können Sie dieses Ritual aufwerten und ihm ein besonderes weihnachtliches Gepräge geben.

Advent auf den ersten Blick

- Legen Sie im Advent eine Tischdecke mit weihnachtlichen Motiven auf, die jedes Jahr von neuem anzeigt: der Advent ist da.
- Zünden Sie eine Kerze auf dem Tisch an.
- Auch ein paar wenige kleine Tannenzweige, von den Kindern auf dem Tisch angeordnet und nach dem Essen wieder in ein Schälchen eingesammelt, sind dekorativ. Legen Sie zu den Zweigen noch ein paar Nüsse, die nach dem Essen geknabbert werden dürfen.

Zum Nachtisch Nüsse

Mit einem kleinen Nußritual können Sie jedes gemeinsame Essen im Advent ausklingen lassen. Daran werden sich alle gern erinnern: Wer knackt seine Nuß ohne Nußknacker? Wo bleibt der Kern unversehrt? Oder: Wer findet in der Erdnuß den kleinen Nikolaus? Brechen Sie eine Erdnuß behutsam auseinander. Dabei ist in einer Hälfte innen ein kleiner Nikolauskopf zu erkennen: mit Mütze, Augen, Bart ...

Wenn Ihre Familie vor dem 1. Advent keine Nüsse zu naschen bekommt, werden sich alle über den knackigen Nachtisch freuen! Besondere Köstlichkeiten gibt es dann an den Sonntagen oder den Weihnachtsfeiertagen.

Kleine Überraschung

- An den Adventstagen liegt an jedem Eßplatz eine Stoffserviette, die es in sich hat. Hier verbirgt sich ein Mini-Dessert oder ein kleines Betthupferl. Wer möchte, kann dazu einen Serviettenring basteln: einfach ein Stück Pappröhre mit Goldpapier bekleben.

Sie können auch das folgende Ritual einführen: Wer in seiner Serviette beispielsweise eine Nuß findet, liest nach dem Essen eine Adventsgeschichte vor oder erzählt, was an diesem Tag Besonderes war oder wie er sich das Weihnachtsfest wünscht ... Wenn die Reihe an Ihnen ist, erzählen Sie doch einmal, wie Sie früher Weihnachten erlebt haben oder was Sie sich zum Weihnachtsfest von den Kindern wünschen.

An den Sonntagen im Advent

Ein einfaches Sonntagsritual vermag die vier Adventssonntage von den Werktagen abzuheben und etwas Besonderes werden zu lassen. Das kann ein gemeinsames Frühstück, ein gemütlicher Adventskaffee und für die Kinder ein Adventskakao sein. Und wenn Sie das Ganze mit einem „Guten-Appetit-Ritualæ“ verbinden, kommt noch mehr „vorweihnachtliche Stimmung“ auf.

Guten-Abend-Rituale

Abendduft

Sie und Ihr Partner, Ihre Partnerin könnten in der Adventszeit stets zum „Feierabend“ eine Kerze anzünden und für angenehmen „Abendduft“ sorgen, sei es mit Räucherkegeln oder -stäbchen oder mit etwas ätherischem Öl - vielleicht sogar einem Weihnachtsöl –, das Sie in eine Duftlampe geben.
Übrigens: Wenn Sie zunächst Salz in Wasser auflösen (etwa einen Teelöffel auf ein Glas Wasser) und dann etwa zehn Tropfen Öl hinzugeben, wird der Duft intensiver.

Abendklang

Wie wär´s, wenn Sie abends bei Kerzenschein und Adventsduft mit den Kindern das eine oder andere Adventslied singen? Singen kann jeder! Heilig Abend klappt das Konzert dann sicher perfekt. Solche Liederabende bleiben Kindern unvergessen!

Sternenhimmel

Dieses Abendritual wirkt gerade auf Kinder sehr beruhigend. Am besten flüstern Sie dabei und sagen nur wenig. Das Licht im Zimmer ist aus, Sie stellen sich gemeinsam ans Fenster und schauen zum Himmel hinauf. Leuchten die Sterne? Je länger Sie an wolkenfreien, klaren Abenden den Himmel betrachten und sich an die Dunkelheit gewöhnen, desto mehr Sterne werden sichtbar. Übrigens, der erste Stern am Abendhimmel ist die Venus im Westen. Dieser Planet ist uns am nächsten und fast so groß wie die Erde. Weil er als erster zu sehen ist, heißt er auch „Abendstern“ (dabei wird er von der Sonne beleuchtet). Die Venus ist sehr hell: Man kann jeden Abend erneut nach ihr schauen. Kinder lieben es auch, sich ihren Stern auszusuchen, der die ganze Nacht für sie über dem Haus leuchtet.
Und wenn die Sterne einmal nicht zu sehen sind? Nun, dann hat der gute alte Mond seinen Wolkenvorhang zugezogen, doch dahinter leuchten die Sterne immer noch und warten darauf, daß die Kinder zu Bett gehen.

Der Mond: ein ganz besonderer Adventskalender

Auch der Mond eignet sich gut für ein Abendritual. Gemeinsam schauen Sie: Wo ist der Mond heute? Wie zeigt er sich? Als Vollmond, Halbmond oder als Sichel? Ist die Sichel auf der rechten Seite des Mondes, nimmt der Mond in den nächsten Tagen zu, das heißt, er wird voller. Ist sie auf der linken Mondhälfte zu sehen, ist abnehmender Mond, die Sichel wird von Tag zu Tag schmäler. Etwa zwei Tage nach dem unsichtbaren Neumond ist dann wieder eine schmale zunehmende Mondsichel zu erkennen. Schauen Sie gemeinsam im Kalender, wie der Mond am Weihnachtsfest sein wird. Dann kann der Mond ein leuchtender Adventskalender sein: Abend für Abend zeigt seine Form, wie wir uns Weihnachten nähern.

Und nach dem „Mondritual“ kommt dann die Gute-Nacht-Geschichte, und die könnte im Advent „Peterchens Mondfahrt“ heißen.

Oder ein Gute-Nacht-Gedicht. Einige Abend- Geschichten und Gedichte finden Sie im nächsten Kapitel.

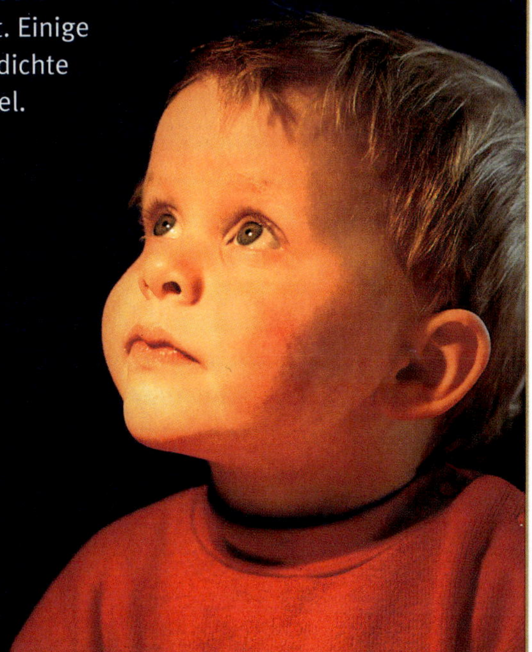

Ein Adventskalender als Ruheritual

Adventskalender gibt es nun seit fast 100 Jahren, mittlerweile in vielfältigen Formen. Kindern kommt es hier nicht darauf an, jedes Jahr einen anderen Kalender zu haben. Gefällt ihnen ein Kalender, freuen sie sich jedes Jahr aufs Neue über den gleichen. Wer sich vom Üblichen trennen und mit dem Kalender auch dem Fest ganz sichtbar näher rücken möchte, dem sei das folgende Adventskalender-Ritual empfohlen. Es läßt sich gut in den Familienalltag integrieren.

Der Weg zur Krippe

Am Abend vor dem 1. Dezember wird eine Kommode oder ein Beistelltisch mit einem Tuch bedeckt, das den Boden der Adventslandschaft bildet. Diese Vorbereitung weckt Vorfreude auf das Ereignis am nächsten Tag.

Am 1. Dezember stellen Sie 24 Teelichter auf, die den Weg zum Stall und zur Krippe markieren. Aus ein paar Rindenstücken und etwas Moos oder aus Bausteinen entsteht ein Stall. Wenn Sie und Ihr Kind oder Ihre Kinder gemeinsam Zeit und Ruhe finden, wird die erste Kerze angezündet. In den nächsten Tagen folgen weitere Kerzen. Dann betrachten Sie den langen Weg, zählen, wieviel Lichter noch nicht brennen; überlegen, wie die Landschaft geschmückt werden kann; welche Tiere im Stall stehen sollen; woraus die Krippe gebaut wird; welche Menschen und Tiere sich im Laufe des Advents auf den Weg dorthin machen.

An der Decke über der Landschaft können Sie an dünnen Fäden Sterne aus Goldpapier befestigen. Jeden Tag einen neuen. Wenn die Lichter brennen, werden sich die Goldsterne darüber bewegen.

Am 2. Dezember brennt die zweite Kerze, über der Landschaft schwebt ein zweiter Stern.

Am 3. Dezember können ein paar Kiefernzapfen als Bäume aufgestellt werden. Wieder leuchtet eine Kerze mehr, ein dritter Stern ist da.

Am 4. Dezember stellen Sie eine Vase mit warmem Wasser in die Landschaft und stecken Kirsch-, Apfel- oder Forsythienzweige hinein, denn es ist Barbaratag. Auch Zweige vom Haselstrauch eignen sich. Jedes Familienmitglied bekommt einen Zweig, der mit einem farbigen

Bändchen gekennzeichnet ist. (Die Knospen, wenn sie zu schwellen beginnen, mit lauwarmem Wasser besprühen, damit sie nicht vertrocknen.) Betrachten Sie gemeinsam die Zweige, die Knospen, in denen Leben steckt, denn mit etwas Glück blühen sie am Weihnachtsfest!

Am 5. und 6. Dezember sind noch eine Wurzel oder ein Holzstück und ein besonders schöner Stein hinzugekommen. Ob den der Nikolaus mitgebracht hat?

Am 7. Dezember erscheinen Maria und Josef. Wir stellen sie zum siebten brennenden Licht. Beide sind auf dem Weg nach Bethlehem und suchen eine Unterkunft. Da der Weg für Maria sehr beschwerlich ist, kommt *am 8. Dezember* ein Esel dazu. Maria und Josef rücken nun Kerze um Kerze näher zum Stall hin.

In den nächsten Tagen schmücken wieder Steine, Holz- und Rindenstücke, Moos oder auch mal ein blühendes Pflänzchen die Landschaft, und weitere Kerzen brennen.

Um den 15. Dezember kommt das erste Schäfchen, in den nächsten Tagen folgen weitere, außerdem Hirten, die in der Nähe des Stalles die Schafe hüten.

Am 20. Dezember sind Maria und Josef dem Stall schon sehr nahe, viele Sterne drehen sich im warmen Luftstrom der zwanzig Kerzenlichter, und immer heller wird der Weg zum Stall. Hier kommen *am 21., 22. und 23. Dezember* Ochse, Esel und die Krippe dazu.

Und am 24. Dezember liegt das Christkind in der Krippe. Alle Kerzen leuchten. Der Heilig Abend ist da!

Tag für Tag in stets gleicher Abfolge – und möglichst zur gleichen Stunde – findet das Adventskalender-Ritual statt: Kerzen anzünden, zählen, wieviel Kerzen noch nicht brennen, betrachten, was hinzugekommen ist, Maria und Josef auf dem Weg um eine Kerze weiter stellen. Nun kann noch ein Lied, ein Gedicht, eine Geschichte folgen, dann die Kerzen löschen und zum normalen Tagesgeschehen übergehen.

Übrigens muß nicht immer eine neue „Zugabe" folgen. Kinder akzeptieren es gern, wenn von einem Adventssonntag bis zum nächsten die gleiche Geschichte, das gleiche Gedicht, das gleiche Lied an der Reihe ist. Kinder lieben Wiederholungen, bringen sie doch Vertrautes.

Inseln der Ruhe: Wen

Ein Paar Minuten jeden Tag

Innehalten, Stille finden, Ruhe spüren ... Das können wir beim Betrachten eines vertrauten Gegenstandes, beim Lauschen eines Klanges, einer Melodie, bei einer zarten Berührung, einer kleinen sanften Massage, bei einem Gedicht oder einer Geschichte ... Wir brauchen uns nur auf unsere Gefühle zu besinnen.

Sie müssen lediglich etwas Mut aufbringen, die Arbeit oder das Spiel unterbrechen und sich einlassen auf den Moment. Das tut Kindern ebenso gut wie Ihnen selbst. Gehen Sie gemeinsam auf die Insel der Ruhe, und lassen Sie Stille zum Erlebnis werden – jeden Tag ein paar Minuten nur.

Ihre Insel der Ruhe kann auf dem Teppich im Wohnzimmer, im Sessel, am Küchentisch, draußen im Freien sein. Im Mittelpunkt Ihrer Konzentration und Besinnung stehen alltägliche Dinge, die Sie kaum bewußt wahrnehmen, deren Schönheit und deren Wunder im Trab der Zeit und in der Hektik verloren gegangen sind ... Sie werden staunen, wie einfach und wie schön es ist, dabei zur Ruhe zu kommen. Ein paar Minuten lang. Doch weit über diese Minuten hinaus wird die Ruhe in Ihnen nachwirken. Und Sie werden sich jeden Tag von neuem auf diesen Moment freuen können, die Erwachsenen wie die Kinder.

Stille zum Erlebnis wird

Träume auf der Winterwiese

Komm mit auf unsere Winterwiese

Wenn es draußen kalt und naß ist und wir keine Möglichkeit haben, auf einer grünen Wiese zu träumen, müssen wir es uns drinnen besonders gemütlich machen. Warum nicht eine „kuschlige" Winterwiese im Wohnzimmer einrichten? Eine Winterwiese, die wir immer wieder mal aufsuchen, für eine kleine Massage oder ein Gedicht, um eine Geschichte oder Traumreise zu erzählen, Musik zu hören oder zu kuscheln – kurz, ein Plätzchen zum Ausruhen und Entspannen.

Alles, was Sie dafür brauchen, ist ein Platz auf dem Boden, auf dem Sie und Ihr Kind oder Ihre Kinder sich bequem ausstrecken können. Breiten Sie ein, besser zwei warme Decken aus, dazu für jeden ein Kopfkissen. Oder Sie „bauen" ein warmes Polster aus mehreren Kissen. Sie können auch eine Decke oder ein Bettlaken über das Sofa legen. Wenn die Winterwiese eingerichtet wird, weiß jeder: Jetzt nehmen wir uns Zeit zum Träumen und Kuscheln, Entspannen und Ausruhen. „Erholungsideen" für die Winterwiese finden sich im Anschluß, aber auch bei anderen Themen dieses Buches.

Sie werden die Erfahrung machen, daß sich nicht nur Kinder bei „Träumereien" auf der Winterwiese entspannen. Nach ein paar Gedichtzeilen, der gemeinsamen Betrachtung eines Bildes oder dem Erzählen einer Geschichte werden auch Sie sich erholt fühlen. Bleiben Sie am Schluß dann noch ein, zwei Minuten aneinandergekuschelt beisammen sitzen. Vielleicht kommen Sie auch noch ins Gespräch – über Träume, zum Beispiel, oder Wünsche ...

Zur Einstimmung

Mit einem kleinen Lied lassen sich Kinder gut auf die stillen Minuten einstimmen. So können beispielsweise immer, wenn Sie es sich gemeinsam auf der Winterwiese bequem machen, die folgenden Zeilen auf die Melodie von „Müde bin ich, geh' zur Ruh" singen.

Stille ist ein leises Wort,
zaubert Ruh an diesen Ort.
Wollen schweigen, leise sein,
horchen in uns selbst hinein.

Bekanntes beruhigt

Haben Sie den Mut, eine Geschichte, eine Traumreise, ein Gedicht an zwei oder drei auf-

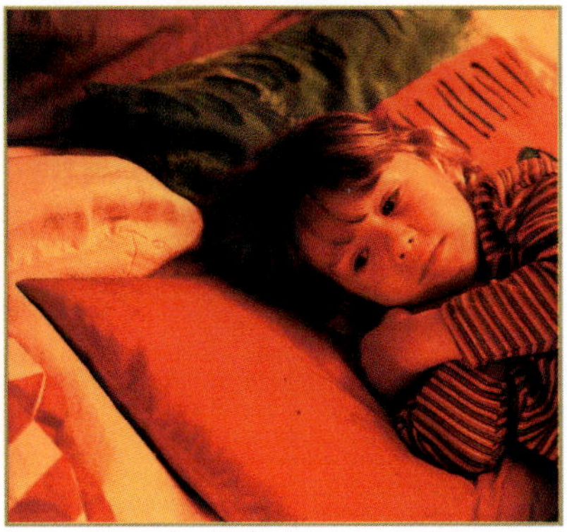

einanderfolgenden Tagen und auch später erneut zu wiederholen.
Wenn Ihr Kind bemerkt: „Ach, das kenne ich ja schon!“, sagen Sie ruhig und gelassen, daß Sie gerne das Gleiche noch einmal erzählen möchten.
Wiederholungen geben Ihnen nicht nur mehr Sicherheit, Sie können sich auch noch besser als beim ersten Mal entspannen. Und für ein Kind haben Wiederholungen ihren ganz besonderen Reiz und Wert: Auf Bekanntes läßt es sich leicht ein, vertraut ganz Ihrer Stimme und den Worten und erkennt seine inneren Bilder wieder. All dies schenkt Ruhe.

Eine Winterwiese für dich allein

Wenn Sie spüren, daß Ihr Kind unruhig und müde ist, kann es auch allein auf die Winterwiese gehen, ein Buch oder ein Bild betrachten, bei Musik träumen – und so zu mehr Ruhe finden.

Vor einer Traumreise

Wenn Sie eine Traumreisen-Geschichte vorlesen möchten, bereiten Sie zunächst gemeinsam die Winterwiese vor. Dies sollten Sie schon mit leiser Stimme begleiten: „Wir richten uns hier eine Wiese ein, auf der wir für eine Weile ruhig und entspannt eine Geschichte hören und etwas träumen können. Lege dich ganz ausgestreckt auf unsere Wiese; und wenn du willst, schließe die Augen. Wenn du es dir gemütlich gemacht hast, beginne ich zu erzählen.“ Nach einer kurzen Weile fragen Sie: „Liegst du bequem auf der Wiese?“ Nun erzählen Sie eine der folgenden Geschichten – langsam, mit leiser und ruhiger Stimme. So hat Ihr Kind die Möglichkeit, die Worte nach und nach auf sich wirken zu lassen und seine eigenen Bilder an sich vorbeiziehen zu sehen. Danach geben Sie Ihrem Kind noch einmal die Möglichkeit, ein paar Sekunden (zählen Sie in Gedanken etwa bis 30 oder 40) den Bildern, die vor seinen Augen entstanden sind, und seinem Gefühl etwas nachzuspüren. Dann sagen Sie in etwa: „... Langsam erwachst du aus deinen Träumen ... spürst die Ruhe in dir ..., fühlst dich auf deiner Wiese ausgeruht und wohl ...“

Sternenmeer und Glockenklang

eine Guten-Abend-Geschichte zum Ruhigwerden und eine Einschlafgeschichte fürs Bett

Am Horizont, dort wo die Erde den Himmel berührt, steht das große Wolkenboot. Am Abend, wenn der Tag sich verabschiedet und Dämmerung sich breit macht, schwebt das Wolkenboot hin zu den Häusern und lädt die Kinder ein, mit ihm auf die Reise zu gehen. Wenn du magst, steig ein. Es trägt dich in deiner Phantasie hoch in den Himmel hinein. Du sitzt weich und bequem im Wolkenboot, ringsumher ist alles leise.

Du kuschelst dich in eine warme Wolkendecke ein, fühlst dich leicht und angenehm warm.

Du atmest ruhig aus und ein und aus und ein ...

Du hörst deinen ruhigen Atem.

Du fühlst dich wohl, streckst dich lang aus im Wolkenboot.

Über dir glänzen hell die Sterne.

Sie lächeln dir zu.

Ein kleiner Stern steigt zu dir ins Boot.

Du freust dich, und er setzt sich zu dir.

Der Stern beginnt zu singen, seine Stimme klingt klar und hell.

Nun funkeln all die anderen Sterne noch heller, noch glänzender.

Du betrachtest jeden einzelnen Stern.

Keiner gleicht dem anderen.

Ganz ruhig schwebt dein Wolkenschiff durch den Sternenhimmel, trägt dich ganz nah an die vielen Sterne heran.

Erst jetzt bemerkst du, daß jeder Stern ein Silberglöckchen bei sich trägt.

Und nun hörst du feinen Glockenklang. Die Glocken begleiten das Lied deines kleines Sterns.
Ist da nicht das zarte Läuten zu hören, das am Heilig Abend erklingt, wenn die Tür geöffnet wird und der Christbaum erstrahlt?
Gewiß ist auch das Weihnachtsglöckchen hier am Himmel und wartet darauf, daß es bald wieder Weihnacht wird.
Jetzt hörst du es ganz deutlich.
Die Musik hüllt dich ein, du fühlst dich wohl und geborgen und ein wenig müde von der langen Reise.
Du kuschelst dich tiefer in deine mollige Wolkendecke und beginnst zu träumen ...
Immer leiser wird der Glockenklang.

Du wachst langsam aus deinen Träumen auf.
Du fühlst dich leicht und froh, ausgeruht und ruhig. Wenn du magst, kannst du noch kurz hier liegenbleiben und dann frisch gestärkt wieder aufstehen.

(Erzählen Sie dies als Gute-Nacht-Geschichte am Bett, wählen Sie das folgende Ende.)

Du fühlst dich leicht und froh, warm und ruhig, so ruhig, daß du in einen friedlichen Schlaf versinkst.
Du wirst ruhig schlafen.
Dein kleiner Stern wird dich durch die stille Nacht begleiten, bis der Morgen kommt und dich weckt.

Sternengeschichte und Sternenhimmel

Bevor Kinder ins Bett gehen und die Gute-Nacht-Geschichte hören, mögen sie zur Einstimmung zunächst den Abendhimmel betrachten und nach den Sternen und dem Mond Ausschau halten.

Die Mondenschaukel

eine Traumreise zum Aufwärmen und Entspannen

Es ist Abend.
Am dunklen Himmel glitzern die Sterne.
Sie blinzeln dir freundlich zu.
Der Mond ist nur ganz schmal zu sehen.
Wie eine Schaukel hängt er dort am Himmel.
Ein langer Mondstrahl fällt durch dein Fenster.
Du stehst auf,
öffnest das Fenster.
Du hörst eine ruhige, alte Stimme, die dir zuruft:
„Hallo! Ich bin der gute alte Mond.
Wenn du magst, kannst du heute mit mir auf die Reise gehen."
Langsam setzt du einen Schritt vor den anderen und gehst auf dem hellen Mondstrahl höher und höher in den Himmel hinein.
Ganz ruhig ist es um dich herum.
So ruhig, daß du deinen Atem hörst.
Du atmest ruhig aus und ein, aus und ein.
Unter deinen nackten Füßen fühlst du warmen, weichen Sand.
Du setzt einen Fuß vor den anderen.
Nun hast du den Mond erreicht.
Freundlich lächelt er dir zu.
„Hallo! Wenn du magst, komm in meine Schaukel."

Du setzt dich in die Mondenschaukel und lehnst dich zurück.
Bequem und entspannt sitzt du hier.
Sanft schaukelst du hin und her, hin und her.
Schön beruhigend ist das.
Du spürst, wie auch dein Atem mitgeht: ganz langsam hin und her, aus und ein.
Sanft wiegend, führt dich der Mond immer weiter fort.
Ihr kommt an eine einsame Hütte.
Vor der Hütte brennt ein Feuer.
Du spürst die Wärme des Feuers.
Du schaust in die Flammen.
In leuchtenden Farben tanzen sie über der Glut.
Mit deiner Mondenschaukel setzt du dich ganz nahe an das Feuer.

Noch stärker spürst du die Wärme.
Du hörst das Knacken und Knistern der Holzscheite, riechst den Rauch des Feuers.
Da geht die Tür der Hütte auf.
Ein kleiner Zwerg kommt heraus.
Er geht freundlich auf dich zu,
lächelt dich an und setzt sich zu dir ans Feuer.
Da kommt noch ein zweiter
und ein dritter Zwerg.

In ihren Händen tragen sie Trinkbecher.
Auch dir reichen sie einen Becher.
Du fühlst den Becher in deinen Händen.
Er ist aus Holz geschnitzt, glatt und angenehm liegt er in der Hand.
Die Hüttentür öffnet sich wieder.
Ein lieblicher Duft von frischen Waldbeeren strömt dir in die Nase.
Ein weiterer Zwerg kommt heraus und trägt einen Krug mit warmem Waldbeerentee.
Er schenkt dir in deinen Becher etwas von diesem Tee ein.
Du spürst die Wärme des Tees in deinen Händen.
Du riechst den Duft, der mit seinem Dampf aufsteigt.
Du trinkst einen Schluck.
Deine Zunge schmeckt den süßen Trank.
Du fühlst dich warm und wohl
und schaukelst sanft hin und her.
Still, warm und friedlich ist es hier.
Du liegst ganz entspannt in deiner Mondenschaukel
und genießt alles, was du siehst, schmeckst und spürst.
Schwer und ein wenig müde fühlst du dich jetzt.

„Hallo, kleiner Freund," hörst du den Mond zu dir sagen,
„ich werde dich jetzt wieder zurückführen, nach Hause.
Wenn du willst, bleibe ich noch ein wenig bei dir und schaukle dich hin und her,
bis du wieder aus deinen Träumen erwachst."

Zur Traumreise: ein Früchtepunsch zum Aufwärmen und Genießen

Gießen Sie doch, bevor Sie mit dem Erzählen der Geschichte beginnen, einen Früchtetee-Punsch auf und stellen Sie Trinkbecher bereit. Dann machen Sie es sich gemeinsam auf der Winterwiese bequem. In der Nähe leuchten Adventslichter.

Nach der Geschichte, die etwa sieben Minuten dauert, ist auch der Tee gezogen, und Sie können ihn genießen und sich aufwärmen. Oder Sie schalten eine ruhige Musik an und finden damit wieder langsam in den Alltag zurück.

Für einen Kinderpunsch bieten sich „winterliche" Mischungen an, etwa aus Apfel- und Ananasstückchen, Hagebutten- und Orangenschalen, Hibiskus, Korinthen, Holunderbeeren, Mandelflocken, Nelken.

Leise Gedichte: Rhythmen, die beruhigen

Wenn Ihr Kind mittags müde ist oder am Abend aufgedreht und nervös erscheint, können Sie ihm mit einem kleinen Adventsgedicht auf der Winterwiese Gutes tun.
Schließen Sie die Vorhänge, zünden Sie eine Kerze an, oder stellen Sie eine Duftlampe in die Nähe. Setzen Sie sich bequem zu ihm, so daß auch Sie sich entspannen. Atmen Sie ruhig aus und ein ... Dann beginnen Sie das Gedicht leise, langsam und ruhig zu sprechen.
Wenn Sie sich dabei beide gut fühlen, wiederholen Sie auch diese kleine Aktion später mehrfach mit demselben Gedicht. Dies hat einen schönen Nebeneffekt: Im Laufe des Advents oder im nächsten Jahr können Sie den einen oder anderen Vers, das eine oder andere Gedicht gemeinsam sprechen. Solch ein Gedicht gehört dann – wie der Adventskranz und der Lichterglanz – fest zur Weihnachtszeit und wird später eine schöne Kindheitserinnerung sein.
Die folgenden Gedichte eignen sich gleichermaßen zum Entspannen auf der Winterwiese wie auch zum Abschluß des Tages am Bett.

Weihnachtswichtel

Leise
leise
mucksmäuschenstill
gehen
Weihnachtswichtel
im Advent
auf die Reise.
Wer sie hören will
der sei still
ganz still.

Leise
leise
mucksmäuschenstill
flüstern
Weihnachtswichtel
im Advent
auf ihrer Reise.
Wer lauschen will
der sei still
ganz still.

Leise
leise
mucksmäuschenstill
trippeln
Weihnachtswichtel
im Advent
auf ihrer Reise
zu Vater, Mutter, Kind.
Wer ihre Spuren
entdecken will
der sei still
ganz still.

Leise
leise
mucksmäuschenstill
tragen
Weihnachtswichtel
im Advent
etwas mit sich
auf der Reise:
bunte Pakete sind´s.
Wer sie haben will
der sei still
ganz still.

Der erste Stern

Am Himmel glänzt, ganz hell und fern,
der allererste Abendstern.
Rings um ihn ist dunkle Nacht,
der Stern hält stolz die Abendwacht.

Er schaut zur Erde, auf jedes Tier,
blickt auf die Häuser, schaut auch zu dir.
Er schickt mit seinem Silberschein
dir gute Wünsche ins Haus hinein.

Und naht die liebe Weihnachtszeit,
trägt er sein schönstes Silberkleid
und hält für dich am Himmelsbaum
bereit den schönsten Weihnachtstraum.

Steig auf dem Silberschein zum Baum,
und pflücke dir dort einen Traum.
Der Stern strahlt dir auf deiner Reise.
Schließ die Augen, sei ganz leise ...

(Liegt Ihr Kind bereits im Bett, wünschen Sie
ihm schöne Träume und eine gute Nacht ...
der Abendstern hält draußen Wacht.)

Im Kerzenschein

Die kleine Kerze im Advent,
wie warm und leuchtend sie doch brennt.
Sie wünscht sich ganz genau wie du
ein wenig Stille, ein wenig Ruh.

Mit ihrem hellen ruhigen Schein
will sie ein Weihnachtsgruß uns sein.
Träumt die Kerze einen Traum?
Träumt sie vom Licht am Weihnachtsbaum?
So leise, wie die Kerze brennt,
so still wünsch' ich mir den Advent.
Und träumte still im Kerzenschimmer
vom Tannenbaum im Weihnachtszimmer.

Erholung für den Körper

Ein Zauberbaum im Winterwald: An-Spannung und Ent-Spannung

Der Wechsel von körperlicher An-Spannung hin zu Ent-Spannung bringt Klein wie Groß wohltuende Erholung. Diesmal gehen Sie mit Ihrem Kind durchs Zimmer und stellen sich vor, Sie seien im Winterwald – gleich bei der Winterwiese. Erzählen Sie vom Winterwald. Einen Vorschlag hierzu finden Sie rechts.

Sie berühren sanft den Kopf des Kindes, streichen über das Haar, mit den Fingerspitzen übers Gesicht. Den Hals und Nacken. Der Kopf wird locker. Sie streichen über die Finger der rechten Hand, über den Arm, die Schulter. Jetzt ist der rechte Arm locker, der linke noch steif und starr wie ein Ast, Sie berühren die linke Hand ... bis der ganze Körper locker und entspannt ist.
Sie gehen noch kurz gemeinsam durch den Winterwald, dann tauschen Sie die Rollen: Nun stehen Sie starr wie ein Baum, bis Ihr Kind Sie „erlöst“.

Dieses Anspannen und Entspannen läßt sich auch im Liegen auf der Winterwiese erleben. Beim ersten Berühren macht sich Ihr Kind zunächst nach und nach starr und steif, es bleibt kurz in dieser Haltung, dann berühren Sie es wieder, und es entspannt sich. Auch hier ist ein Rollenwechsel für jeden angenehm und wichtig.

„Wir gehen durch den großen Winterwald.
Alles ist ganz still und leise. Nur unsere Schritte sind zu hören.
Mächtige, hohe und starke Bäume stehen hier.
Du bleibst stehen und spürst, wie auch du zum Baum wirst.
Fest stehst du mit deinen Wurzeln in der Erde.
(Mit den Füßen auf den Boden stampfen.)
Dein Stamm ist stark und kräftig, deine Zweige ebenso.
Ganz still stehst du hier im Winterwald. Starr und steif. Wie versteinert.
(Geben Sie dem Kind etwas Zeit, seine Gliedmaßen steif und starr zu halten.)
Erst wenn meine Hand dich berührt, wirst du nach und nach wieder locker. Spüre genau, wo ich dich berühre, nur da wirst du locker, weich und entspannt.“

Duft, der streichelt: Rückenmassage für Kinder

Machen Sie es sich mit Ihrem Kind auf der Winterwiese bequem. Im Zimmer ist es warm. Im Hintergrund spielt leise eine beruhigende Musik. Sie haben bereits Massageöl vorbereitet (Seite 12/13). Langsam schrauben Sie das Fläschchen auf, lassen Ihr Kind den Duft schnuppern und erklären, was Sie vorhaben, etwa so: „Heute wollen wir es uns auf ganz besondere Weise gemütlich machen. Ich möchte dir mit meinen warmen Händen den Rücken und die Schultern streicheln und massieren. Damit ich sanft über deine Haut gleiten kann, nehme ich ein wenig von diesem Hautöl auf die Hände. Das Öl und sein Duft werden dir gut tun. Du kannst dabei sitzen oder auf dem Bauch liegen, wie du magst." Achten Sie bei der Massage darauf, daß Sie immer eine Hand auf dem Rücken des Kindes lassen; nehmen Sie nie beide Hände gleichzeitig weg.

- Mit warmen eingeölten Händen gleiten Sie über den ganzen Rücken des Kindes, um das Öl zu verteilen.
- Streichen Sie mit flachen Händen vom Hals über die Schultern bis zu den Oberarmen.
- Den gleichen Weg noch einmal mit dem Daumen. Dabei können Sie etwas stärker drücken.
- Legen Sie dann Ihre Hände flach auf die Taille, und streichen Sie aufwärts über den Rücken bis zum Nacken.
- Von hier über die Schultern, dann seitlich am Rücken entlang zurück zur Taille.
- Von der Taille aus berühren Ihre Daumen die Wirbelsäule. Vorsichtig und mit wenig Druck gleiten Ihre Daumen rechts und links an der Wirbelsäule entlang nach oben zum Halsansatz. (Niemals direkt auf der Wirbelsäule mit Druck massieren!)
- Vom Hals streichen Sie mit flachen Händen über die Schultern und den Rücken hinunter zurück zur Taille.
- Zum Abschluß legen Sie wieder beide Hände quer nebeneinander auf den unteren Rücken.
- Mit flachen Händen streichen Sie von der Taille zum Nacken.
- Von hier aus über die Schultern und den seitlichen Rücken zurück zur Taille.

Nun bedecken Sie den Rücken wieder. Legen oder setzen Sie sich noch kurz neben Ihr Kind und lauschen Sie der Musik. Fragen Sie Ihr Kind, ob ihm die Massage gefallen hat und ob es möchte, daß Sie seinen Rücken an einem anderen Tag wieder streicheln und massieren. Achten Sie auf seine Stimme. Haben Sie den Eindruck, daß es Ihrem Kind nicht gefallen hat, zeigen Sie ihm nicht Ihre Enttäuschung. Teilen Sie ihm aber unabhängig von seiner Antwort mit, wie Sie sich gefühlt haben. Im allgemeinen werden auch Sie sich nach der Massage ruhig und wohl fühlen.

Weihnachtsfrüchte: Einladung zum Verweilen

Schon im Altertum war der Apfel ein Symbol der Fruchtbarkeit. Die reife Frucht birgt in sich bereits den Neubeginn, den Kern. So ist es auch nicht verwunderlich, daß in früheren Jahren bei uns am Weihnachtsbaum Äpfel hingen – zur Feier der Geburt Christi und auch als Sinnbild für das wiedergewonnene Paradies.

Nicht zuletzt waren hier Äpfel im Advent so beliebt, weil sie im Herbst in Hülle und Fülle geerntet werden konnten und als saftige, frische Früchte die dunkle Jahreszeit versüßten.

Heute sind Äpfel alltäglich geworden, das ganze Jahr hindurch. Doch es lohnt sich, sie neu zu entdecken und wieder zu echten Weihnachtsfrüchten werden zu lassen! Aus Äpfeln lassen sich Apfellichter und -pyramiden, Apfelmännchen und -nikoläuse und Christbaumschmuck basteln. Besonders schön sind kleine, rotbackige Äpfelchen: Erleben Sie gemeinsam mit Ihrem Kind oder Ihren Kindern in aller Gemütlichkeit und mit viel Genuß, wieviel Weihnachtsgeschmack solche Äpfel in sich bergen und welch zauberhafte Weihnachtsstimmung sie zu wecken vermögen.

Ein schöner alter Weihnachtsbrauch

Früher gab es den Brauch, Weihnachtsbäume mit kleinen roten Äpfeln zu schmücken. Wenn Sie diese Sitte wieder aufleben lassen möchten, fragen Sie einen Obsthändler nach kleinen rotbackigen Äpfeln. Um sie mit einem silbernen oder goldenen Faden an den Baum hängen zu können, sollten sie noch einen Stiel haben. Und noch etwas ist sehr wichtig: Jeder Apfel muß zuvor mit einem weichen Lappen blank poliert werden – eine Arbeit, die sich gut für Kinderhände eignet, wenn die Kleinen vor lauter Aufregung den Heilig Abend kaum erwarten können. So ein Apfel muß überall glänzen, nur dann ist er wirklich ein Christbaumapfel!

Apfelpause

- Sie sitzen gemütlich mit Ihrem Kind auf der Winterwiese oder am Eßtisch. In einem Körbchen liegen, unter einem Tuch, zwei, drei kleine rotbackige Äpfel.
- Mit geheimnisvoller, leiser Stimme fragen Sie, was unter dem Tuch versteckt sein könnte.

Rätseln und überlegen.

„Schnupper mal daran, vielleicht kannst du es ja riechen!“

Wieder rätseln.

„Streiche vorsichtig mit den Händen über das Tuch.“ …

„Krabble mit einer Hand unter das Tuch. Was fühlst du?“

Das Kind wird das Rätsel jetzt wohl lösen, wenn nicht, lassen Sie es mit beiden Händen fühlen. Nun entfernen Sie das Tuch.

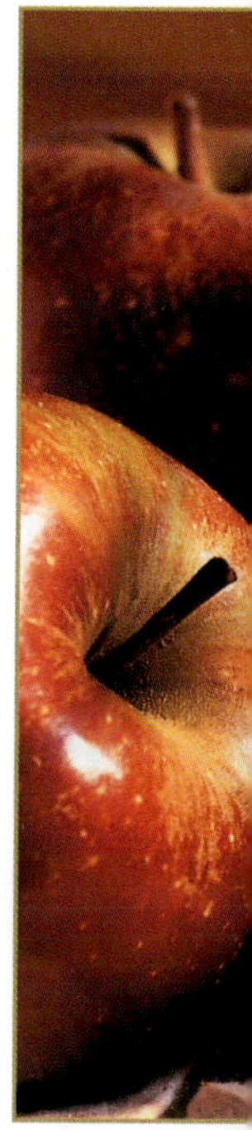

Jeder nimmt einen Apfel in die Hand, betastet, beschnuppert und betrachtet ihn aufmerksam. Erzählen Sie wieder mit geheimnisvoller, ruhiger Stimme, daß dies ganz besondere Äpfel sind, nämlich Weihnachtsäpfel, die am Heilig Abend den Baum schmücken werden.

Nun darf sich das Kind einen Apfel zum Essen aussuchen.
„Weil es ein besonderer Apfel ist, will ich ihn dir auch auf besondere Weise auseinanderschneiden. Dann werden zwei Königskronen daraus."
Mit einem spitzen Küchenmesser schneiden Sie den Apfel ringsherum zickzackartig ein, immer bis in die Mitte.
Jede Apfelhälfte ist jetzt eine Königskrone.
Schafft es Ihr Kind, die beiden Kronen wieder zu einem ganzen Apfel zusammenzustecken?
Wenn es eine Zacke aus einer Krone beißt, wie sieht der Apfel dann aus?

Die Kerne aus den Königskronen werden sorgsam in eine halbe Nußschale gelegt und mit Watte oder Wolle zugedeckt. Nun können sie ihren Weihnachtstraum träumen.

Nach dieser kleinen Apfelpause – an einem der folgenden Tage oder zur guten Nacht – können Sie dann die Geschichte von den Weihnachtsäpfeln erzählen, und wenn Ihr Kind mag, geht es auf Traumreise dabei.

Weihnachtsäpfel – eine Geschichte und Traumreise

zum Vorlesen auf der Winterwiese oder abends am Bett. Oder wenn Kinder kleine rote Äpfel für den Weihnachtsbaum polieren.

In Gedanken bist du auf einer langen Wanderung.
Ruhig gehst du über kleine Straßen,
durch einen Wald,
über Wiesen
und erreichst ein kleines Dorf.
Nur ein paar wenige Häuser stehen hier.
Ihre kleinen Fenster blicken dich freundlich an.
Niemand ist zu sehen,
niemand und nichts zu hören.
Fast könnte man glauben, hier wohne die Stille.
Auf einmal sind all deine Sorgen wie weggeblasen.
Hinter der kleinen Dorfkirche entdeckst du noch ein Haus.
Seine Tür ist aus altem, grobem Holz.
Man sieht der Tür an, daß sie schon viele Menschen herein und hinausgelassen hat.
Du trittst näher,
streichst mit deinen Händen über die alte Holztür.
Sie fühlt sich angenehm warm an.
Mit den Fingerspitzen spürst du die feinen Rillen, die der Regen und der Schnee, die Sonne und der Wind ins Holz geschnitzt haben.
Fast wie von selbst öffnet sich die Tür.
Du trittst in eine kleine Stube,
warme Sonnenstrahlen kommen durch die Tür herein.
An einem Tisch sitzt eine alte Frau.
Die Sonnenstrahlen fallen auf ihr Gesicht,
warm und freundlich glänzen ihre alten Augen.
Sie lächelt dich an.
Voll Vertrauen gehst du ein wenig näher.
Du schaust auf ihre alten Hände
und erblickst einen kleinen roten Apfel.
Mit einem flauschigen Tuch streicht die alte Frau liebevoll über den Apfel. Nun glänzt auch er in der Sonne.
Die alte Frau befestigt einen Goldfaden daran. Glänzend dreht sich der Apfel im Kreise.
Die Frau steht auf
und öffnet eine Tür ins Nebenzimmer.
Du folgst ihr.
Ein riesiger Tannenbaum steht mitten im Raum.
Unzählige kleine, rotglänzende Äpfel hängen daran an goldenen Fäden.
Ein bezaubernder Duft von Äpfeln
und Tannen kommt dir entgegen.
Du genießt den Duft und den
schönen Anblick.

Die Alte hängt auch ihren polierten Apfel an den Baum und lächelt zufrieden.
„Weihnachtsäpfel“, sagt sie leise
und schlurft zurück zu ihrem Tisch.
Hier liegen in einem großen alten Weidenkorb noch viele kleine Äpfel. Sie warten darauf, mit dem weichen Tuch liebevoll poliert zu werden.
Du stellst dich wieder neben die alte Frau und schaust ihr zu.
Liebevoll, fast zärtlich streicht sie mit dem weichen Tuch über jeden Apfel,
legt jeden sanft in einen kleinen Korb.
Ihre Hände gehen ruhig,
gerade so, als wollte sie die Äpfel betten.
Als der Korb randvoll gefüllt ist,
nimmt sie ihn in ihre Hände,
schaut dich freundlich an und sagt:
„Für dich. Weihnachtsäpfel.“
Du freust dich und nimmst lächelnd den Korb entgegen.
Du gehst zur offenen Tür hinaus.
Wie von selbst schließt sich die alte Holztür hinter dir.
Du gehst den schmalen Weg zurück ins Dorf.
Nur ein paar wenige Häuser stehen hier.
Ihre kleinen Fenster blicken dich freundlich an.
Niemand ist zu sehen,
niemand und nichts zu hören.
Fast könnte man glauben, hier wohne die Stille.
Du gehst über Wiesen,
durch einen Wald,
über kleine Straßen.
Nach einer langen Wanderung erreichst du dein Haus.
Glücklich hältst du den Korb mit den glänzenden Äpfeln in deinen Händen.
Behutsam stellst du ihn in dein Zimmer.
Du bist ein wenig müde von der langen Wanderung und machst es dir bequem.
Du atmest ruhig und gleichmäßig.
Vor deinen Augen erscheint noch einmal die alte Frau,
ihre lieben Augen blicken dich an,
du siehst die Stube mit dem hohen Tannenbaum.
Du atmest den Duft von Äpfeln und Tannenzweigen tief ein und aus, ein und aus.
Du fühlst dich wohl und zufrieden.
Deine Arme und Beine sind ganz schwer.
Du fühlst dich geborgen.
Dein Atem geht ruhig und gleichmäßig.
Alle Unruhe, alle Sorgen des Tages läßt du mit deinem Atem heraus.
Wenn du magst, gehst du in deinen Träumen noch einmal auf die Wanderung,
du findest im Traum deinen Weihnachtsbaum,
geschmückt mit deinen kleinen Äpfeln.
Sie lächeln dir zu
und wünschen dir viel Freude und Glück und schöne Träume ...

Nüsse: geheimnisvolle Winterfrüchte

Die Advents- und Winterzeit lädt zum Nüsseknacken und -knabbern ein: Nutzen Sie doch einmal das große Nußangebot für eine kleine besinnliche Aktion. Es lohnt sich. Denn wie oft, wenn wir Nüsse essen, greifen wir auf bereits geknackte, geröstete, gewürzte zurück und achten auch nicht darauf, was wir da im Mund haben. Besonders Kinder werden staunen, was es alles zu entdecken gibt. Meist kennen sie die Nüsse gar nicht in ihrer Schale oder beim Namen.

Spüren, schauen, schmecken

Am Tisch oder auf der Winterwiese halten Sie in einem Säckchen je zwei Nüsse verschiedener Sorten verborgen, und zwar mit Schale. In Ihrer Nähe liegt ein Nußknacker bereit. Mit einem Rätsel, das Sie leise und geheimnisvoll sprechen, stimmen Sie Ihr Kind ein.

Rate mal, was hab´ ich hier?
Es sind Häuschen, hart wie Stein,
doch was drin ist, das schmeckt fein.
Nun, was könnte das wohl sein?

Erst wenn das Kind etwas nachgedacht hat, bekommt es zur Unterstützung das zugebundene Säckchen in die Hand: Es hört, wie die Nüsse aneinanderreiben und klappern; beim Tasten fühlt es die Nüsse durch den Stoff. (Nehmen mehrere Kinder teil, geht das Säckchen reihum, doch jedes behält die Lösung vorerst für sich.) Dann darf der Beutel geöffnet werden, und ohne hineinzublicken, betastet das Kind die Nüsse. Vielleicht löst es jetzt das Rätsel. Doch unabhängig davon soll es nun eine einzelne Nuß hervorholen. Das alles geschieht leise.

Es geht hier nicht darum, das Rätsel schnell zu lösen, sondern sich intensiv auf eine Sache einzulassen und sie mit den Sinnen wahrzunehmen. Sollte Ihr Kind schon nach dem Rätselspruch die Lösung finden, fordern Sie es auf, zu horchen, zu tasten, zu fühlen, ob es wohl auch stimmt ...

Das Kind betrachtet nun die einzelne Nuß und befühlt sie. Ist es eine Walnuß, eine Haselnuß oder ...? Nennen Sie die Nuß beim Namen, und fordern Sie Ihr Kind auf, noch einmal ins Säckchen zu greifen und eine zweite, gleiche

Nuß herauszuholen. Sie wird mit der ersten verglichen. Sieht sie gleich aus? Was ist anders? Wie klingen die Nüsse, wenn man sie aneinanderschlägt? Wie können wir sie knacken, und was steckt in ihnen? Schafft es Ihr Kind allein, den Kern herauszuholen? Wie schmeckt er? Erzählen Sie auch, was Sie über diese Nüsse wissen ...

Je nach Zeit, je nach Alter und Konzentrationsfähigkeit kann Ihr Kind nun eine zweite Nußsorte herausgreifen, anschließend wieder die dazu passende Nuß suchen, die beiden vergleichen und knacken.
Die restlichen Nüsse können auch am nächsten Tag wieder zum Erlebnis werden ...

Schale und Kern

An einem anderen Tag gibt es noch etwas spielerisch zu entdecken: Im Säckchen befindet sich je eine Nuß pro Sorte. In einem Schälchen liegen die gleichen Nüsse bereits geknackt und ohne Schale (mindestens zwei Kerne pro Sorte). Das Kind betrachtet nun einen Kern, knabbert ihn und holt, ohne zu schauen, die entsprechende Nuß aus dem Säckchen heraus.
Bewußt und mit Interesse werden Kinder bei solchen kleinen Aktionen feststellen, wie unterschiedlich Nüsse von innen und außen aussehen, wie verschieden sie schmecken und auch klingen, wenn man sie aneinanderschlägt, Paranüsse zum Beispiel viel dunkler als Haselnüsse, daß manche, wie Erdnüsse, sich ganz leicht öffnen lassen und andere sehr schwer zu knacken sind.

Vielfalt entdecken

Nüsse sind vielfältig: wir können sie kleinhacken und für Gebäck oder andere Speisen verwenden, aus Hasel- und Erdnüssen kleine Figuren zusammenkleben, mit Walnußschalen den Christbaum vergolden oder Schiffchen daraus bauen. Wir können mit Nüssen rasseln oder klopfen und sogar Gedichte und Lieder begleiten, etwa das alte Volkslied „Ging ein Weiblein Nüsse schütteln ...“
Nüsse und Äpfel passen besonders gut zueinander und finden sich vereint beim Bratapfel oder Apfelmännchen – einer kleinen Aktion, die Apfel- und Nußentdeckungen süß abschließt.

Einladung zur Nußrunde

Laden Sie Besuch statt zum Kaffee doch mal zur „Nußrunde“ ein. Neben Spielen kann es dann auch ein Rätselraten rund um Nüsse geben. Schließlich werden kleine Brote mit Erdnußbutter gereicht.

Wissenswertes über Nüsse

Haselnüsse wachsen an etwa drei Meter hohen Sträuchern und sind in ganz Europa und Asien verbreitet. Eine alte Volksweisheit besagt: „Je mehr Haselnüsse im Herbst am Strauch, desto mehr Kinder im nächsten Sommer.“ So fehlte der Haselstrauch früher vor kaum einer Behausung, zumal er auch vor Blitz und Donner schützen sollte. Außerdem nutzten unsere Vorfahren Haselzweige als Wünschelruten, um Wasser und andere Schätze aufzuspüren.

Walnüsse kamen einst über Mittelasien zu den Griechen und Römern. Auch bei uns wachsen sie in wärmeren Gebieten. Im 8. Jahrhundert „verordnete“ Kaiser Karl der Große den Anbau von Walnußbäumen wegen ihrer gesundheitsfördernden Eigenschaften. Junge Walnußblätter regen, als Tee aufgebrüht, den Stoffwechsel an und helfen bei Hautproblemen. Aus frischen grünen Nußschalen läßt sich Hautöl zubereiten, mit Walnußblättern und -schalen kann man Haare und Stoffe färben. Als Knabbernüsse liefern sie viel Eiweiß und Fett.

Erdnüsse stammen ursprünglich aus Brasilien. Heute kommen sie vor allem in China, Indien und Westafrika vor. Der Name verrät, daß sie in der Erde wachsen. Die gelben Blüten der Erdnußpflanzen neigen sich, wenn sie verblüht sind, zur Erde, dringen sogar in die Erde ein und entwickeln hier die Nüsse. Ihre Früchte werden gern geröstet und gesalzen geknabbert, aus ihnen werden Salatöl und Erdnußbutter hergestellt. Außerdem wird ihr Öl für Heilsalben verwendet, da es diese geschmeidig macht.

Mandeln sind mit Pfirsichen und Aprikosen verwandt und wachsen an Bäumen, hauptsächlich im Mittelmeerraum, im Vorderen Orient, im südlichen Rußland und in Kalifornien, doch auch in den wärmeren Gegenden Deutschlands. Wir unterscheiden zwischen süßen und bitteren Mandeln. Vorsicht ist bei Bittermandeln geboten, denn beim Kauen und Verdauen wird das Atemgift Blausäure frei, das für Kinder tödlich sein kann. Süße Mandeln hingegen enthalten viel Eiweiß und Fett und können roh, geröstet oder „gebrannt“ geknabbert werden. Sie sind gesund und beruhigen den Magen. Nach altem arabischem Rezept stellt man noch heute aus gemahlenen Mandeln, Traubenzucker und Rosenwasser Marzipan her. Fein duftendes Mandelöl wird für Kosmetik und Parfum verwandt.

Paranüsse wachsen vor allem in den Regenwäldern am südamerikanischen Amazonas. Paranußbäume werden bis zu 35 Meter hoch und tragen viele apfel- bis kopfgroße Kapseln. In diesen harten, holzigen Kapselfrüchten liegen etwa 10 bis 16 Samen – die Paranüsse. Sie haben eine dicke, sehr harte Schale. Den Eingeborenen liefert die Paranuß wertvolles Speiseöl, aus den Fruchtschalen stellen sie Schüsseln, Töpfe und andere Gebrauchsgegenstände her.

Mandalas und Bilder aus Nüssen

Wenn im Laufe der Adventszeit Nüsse geknackt und geknabbert werden, bleiben viele Schalen zurück: Wir sammeln sie, denn damit lassen sich Mandalas, Bilder, Muster legen und Momente schaffen, die Kindern wie Erwachsenen viel Entspannung bringen.

- Alle Nußschalen werden zunächst auf den Tisch oder ein Tablett geschüttet und in Schälchen sortiert. Diese Arbeit leisten Kinder gerne, auch sie ist, wie das „Musterlegen“, eine stille Tätigkeit. Mit Schalenhälften von Walnüssen, Pistazien, Erdnüssen lassen sich besonders leicht Bilder gestalten. Doch auch Schalensplitter von Mandeln, Para- oder Haselnüssen sind reizvoll, sie kommen in eine extra Schale.
- Kinder und Erwachsene können nun jeder für sich ein Muster oder ein Bild legen. Man kann sich aber auch zu zweit oder mehreren zusammentun. Und in den nächsten Tagen sind neue Spiralen, Labyrinthe, Mandalas oder Bilder an der Reihe.

Spiegelnde Mandalas

Eine runde Servierplatte aus blankem Metall oder ein Teller ist ein besonders schöner „Rahmen“ für ein Mandala aus Nußschalen. Mit einem kleinen Teelicht in der Mitte scheint das Bild richtig festlich und kann Tischschmuck beim Adventstee sein.

Orangen: Sonnenfrüchte im Advent

Eine Orangenpause, die Kinder bezaubert und beruhigt

Mit dieser kleinen „Inszenierung“ können Sie Ihr Kind begeistern und beruhigen, auch wenn´s im Advent mal hoch her geht. Alles, was Sie dazu benötigen, sind ein oder zwei Orangen, ein Stück Seidenpapier (mindestens 15 x 15 cm) oder eine dünne Papierserviette; später noch Messer, Löffel und Teller; eventuell Farbstifte und Papier.

- In einem unbeobachteten Moment bedecken Sie eine Orange mit dem Papier und drehen die vier Ecken leicht zusammen, so daß eine Kugel mit vier Beinen entsteht. Nun machen Sie es sich gemeinsam auf dem Boden gemütlich. Ohne ein Wort zu sagen, tippen Sie den kleinen „Vierbeiner“ kurz mit dem Finger an – schon läuft er über den Boden. Und noch einmal, dann kann auch Ihr Kind es probieren – leise und vorsichtig! „Was ist da wohl versteckt?“ können Sie im Flüsterton fragen. Schon bald wird Ihr Kind das Geheimnis lüften, das Ganze noch einmal probieren und dann erst die Apfelsine zu sich nehmen.
- Nehmen auch Sie jetzt eine Apfelsine, jeder tastet und schnuppert, was da in seinen Händen liegt. Beschreiben Sie mit leisen, ruhigen Worten, was Sie riechen und fühlen. Schneiden Sie nun eine Orange quer durch, geben Sie die eine Hälfte Ihrem Kind und betrachten Sie gemeinsam, was es hier zu entdecken gibt – ein Mandala. Jetzt holen Sie Stück für Stück das Fruchtfleisch heraus. Ganz bewußt und ruhig genießen Sie die Orange. Die Schale wird aufbewahrt, Sie können am nächsten Tag ein Teelicht hineinsetzen.
- Im Anschluß an diese kleine Orangenpause können Sie Ihrem Kind noch Papier und Farbstifte reichen. Wie wär´s, jetzt das neu entdeckte Orangenmandala zu malen? Je nach Alter, kann das Kind die Konturen des Mandala selbst zeichnen, ansonsten zeichnen Sie die Formen auf, und Ihr Kind malt sie aus. Mandalas zu malen wirkt sehr beruhigend auf Kinder wie auf Erwachsene. Probieren Sie´s einmal – beim Duft von Orangenöl.

Der Duft der Orangen
Wenn Sie Düfte lieben, geben Sie ein paar Tropfen Orangenöl in eine Duftlampe; das fördert nicht nur die Weihnachtsstimmung. Orangenessenzen helfen, Spannungen zu lösen, sie beruhigen und stärken die Nerven.

Wenn Nähe gut tut: kleine Apfelsinen-Massage

Nachdem Sie gemeinsam auf geheimnisvolle Art Apfelsinen neu entdeckt haben, bieten Sie Ihrem Kind eine Apfelsinenmassage an. Ohne daß Sie ihm dabei zu nahe kommen – denn nicht jedes Kind liebt Körpermassagen –, kann es hier Nähe und angenehm beruhigende Körpergefühle erfahren.

Legen Sie eine warme Decke, ein Fell oder große Kissen auf den Boden. Im Hintergrund spielt leise eine Meditationsmusik. Dicke Hosen oder Pullover ausziehen und mit gestreckten Beinen auf den Boden setzen. Nun rollt jeder seine Orange so auf den Beinen hin und her, daß sie nicht herunterfällt. Leise sagen Sie zu Ihrem Kind: „Wenn du möchtest, werde ich jetzt die Apfelsine auf dir spazierengehen lassen. Lege dich lang ausgestreckt auf den Bauch. Ich setze mich neben dich und rolle die Apfelsine auf dir hin und her.“ Führen Sie die Apfelsine langsam rollend auf dem Rücken auf und ab, hin und her, die Beine hinunter, über die Füße wieder zurück zum Rücken und über die Arme. Dann legen Sie die Frucht in die Hand des Kindes, die Apfelsinen-Massage ist beendet. Fragen Sie Ihr Kind mit leiser Stimme, wie es sich jetzt fühlt, ob die Massage angenehm war oder nicht. Nun können Sie die Rollen tauschen: Sie legen sich auf den Bauch, und Ihr Kind führt die Apfelsine auf Ihnen spazieren.

Orangen zaubern Stimmung

- Eine halbierte Frucht pressen, die Schalenhälften sauber auskratzen und als Schale für Teelichter nutzen.

Den Saft genüßlich trinken und bei Kerzenschein erzählen, wie sehr sich die Kinder früher über Apfelsinen freuten, die es nicht das ganze Jahr gab, sondern ausschließlich zum Nikolaus- oder Weihnachtsabend. Oder Sie erzählen eine Nikolauslegende.

- Orangen quer in Scheiben schneiden, auf Küchenpapier legen und auf der Heizung trocknen. Bei gedörrten Orangenscheiben kann man ein besonders schönes Mandala sehen. Die trockenen Scheiben ins Fenster und später an den Weihnachtsbaum hängen.

Apfelsine und Orange

Um 1500 brachten Portugiesen diese Frucht aus China mit. 200 Jahre später kam sie über die Nordseehäfen Amsterdam und Hamburg nach Deutschland. Der Name Apfelsine beruht auf dem alt-niederländischen „appelsina", was soviel bedeutet wie Apfel aus China. Im 18. Jahrhundert hieß die Frucht bei uns deshalb auch Chinaapfel.

Der Name Orange kam aus Frankreich zu uns. Hier war die Südfrucht im 17. und im 18. Jahrhundert als „pomme d'orange (d'Orange)" bekannt, wohl nicht nur wegen ihrer goldgelben Farbe (or = Gold), sondern auch weil sie über die südfranzösische Stadt Orange importiert wurde.

Eine Traumreise in den Orangensommer

Diese Geschichte führt uns in Tagträumen auf eine weite Reise, auf eine Insel voller Duft, Phantasie und Ruhe.

Gehen Sie gemeinsam auf die Winterwiese (Seite 26/27). Sie können die Traumreise mit allen Sinnen erleben, wenn im Zimmer eine Duftlampe mit etwas Orangenöl steht und im Hintergrund ganz leise eine ruhige Musik spielt – so leise, daß sie nur bei völliger Stille wahrzunehmen ist, beim Erzählen jedoch fast überhört wird.

Orangensommer

eine Traumreise, voller Sonne, Duft und Ruhe

Du liegst auf einer Wiese.
Neben dir steht ein großer bunter Vogel.
Er lädt dich ein, mit ihm zu fliegen.
Du steigst auf seinen starken Rücken und kuschelst dich in sein warmes Federkleid.
Auf dem Rücken des großen, starken Vogels fliegst du davon.
Er trägt dich behutsam und sicher durch die Luft – weit weg von hier.
Du liegst bequem und spürst deinen eigenen Atem – ruhig und gleichmäßig, geradeso wie der Flügelschlag des Vogels.
Er trägt dich auf eine große Wiese.
Die Sonne scheint warm.
Du steigst vom Vogel herab und läufst über die Wiese.
Du läufst zu einem Baum, der hier steht.
Seine grünen Blätter glänzen im Sonnenlicht.
In seinen Zweigen hängen reife Orangen.
Du legst dich unter den Baum.
Du genießt die Ruhe, bist still und zufrieden.
Du spürst die warme Sonne, riechst den süßen Duft des Baumes.
Du fühlst dich wohl und träumst ein wenig ...

(Zeit zum Träumen, zum Lauschen der Musik lassen. Dann leise und ruhig weitersprechen.)

Langsam wachst du aus deinen Träumen auf.
Der große Vogel steht wieder neben dir.
Du steigst auf seinen starken Rücken.
Er trägt dich durch die Luft zurück nach Hause.
Zurück auf deine Winterwiese.
Hier liegst du nun, spürst noch die Wärme der Sonne und den Duft der Orangen.
Du fühlst dich warm und ruhig und stark – wie der große bunte Vogel.
Du freust dich auf den nächsten Tag, auf deine Freunde, auf dein Spiel und auf das Weihnachtsfest.

Ob unter dem Weihnachtsbaum zwischen all den feinen Sachen wohl auch deine Orangen sind?

Draußen in der Winterwelt

Wenn im November und Dezember der Blumenschmuck und die fröhlichen Musikgruppen in den Geschäftsstraßen verschwunden sind, die Bäume kahl und scheinbar leblos dastehen, kein Vogel mehr zwitschert und die Sonne uns nur noch selten entgegen lacht, ziehen wir uns gern in die Wohnräume zurück. Viele meinen, der Winter habe nichts Sehenswertes zu bieten, zumal, wenn Schnee ausbleibt. Doch auch in diesen Monaten hat die Natur ihre Reize, die es lohnt, gemeinsam mit den Kindern zu entdecken.

Gehen Sie auf Entdeckung, gewinnen Sie auch dieser Jahreszeit ihre schönen Seiten ab, und erfahren Sie, wie Sie gerade jetzt draußen innere Ruhe finden können.

Ganz gleich, ob Sie in der Stadt oder auf dem Land leben, überall verbirgt sich ein Stück Stille und Entspannung. Wir müssen sie nur suchen und finden wollen. Wo und wie das möglich ist? – In der Betrachtung einzelner Dinge, einzelner Ausschnitte. Hier können wir von Kindern lernen, denn sie sind Meister darin, sich mit Details zu beschäftigen. Kleine Kinder entdecken am Wegrand die Schnecke, die Pfütze auf der Landstraße, den glänzenden Papierschnipsel in der Gosse, die alte Frau, die so eigentümlich lächelt. Lernen wir wieder, mit Kinderaugen zu sehen, die Details zu entdecken und dabei Ruhe und Entspannung zu finden – draußen in der Winterwelt.

Tägliche Wege – besondere Wege

Der tägliche Weg zum Kindergarten, zum Bäcker, zum Spielplatz, zur Arbeitsstelle, wir gehen ihn, ohne wirklich wahrzunehmen, was es hier an Besonderem gibt. Nehmen Sie sich hin und wieder die Zeit und die Ruhe, einen alltäglichen Weg langsam und aufmerksam zu gehen – allein oder gemeinsam mit Ihrem Kind. Wie sieht die Wiese zu dieser Jahreszeit aus? Wie die Zweige der Sträucher? Der Baum hat zwar keine Blätter mehr, aber wer genau hinschaut, entdeckt schon die ersten Knospen. Besonders deutlich ist dies bei einem Kastanienbaum zu sehen. Wie fühlen sich jetzt die langen Gräser an, die am Wegrand stehen? Wie sieht der Himmel aus, wenn die

Sonne nicht lacht? Wann ist der erste Rauhreif zu entdecken?
Haben die Pfützen am frühen Morgen eine dünne Eisschicht? Hält sie, wenn man mit dem Finger leicht darauf tippt? Vielleicht ist in der Wasserpfütze das eigene Spiegelbild zu entdecken. Machen Sie sich klein, und betrachten Sie mit Ihrem Kind, was Sie da entdeckt haben.
Welche Zeichen weisen in der Stadt auf den Advent hin? Was für Dächer und Giebel haben eigentlich die Häuser, an denen wir immer vorübergehen? Wo entdecken wir ein Stück Natur? Was tun all die Leute, die wir sehen? Bleiben Sie mit Ihrem Kind an einem belebten Platz stehen, und beobachten Sie. Ein paar Minuten genügen schon, um dabei auszuruhen. Gehen Sie auch mal in abgelegenere Straßen.

Nur ein paar Schritte und Augenblicke

Es muß kein längerer Spaziergang sein, selbst die Schritte vom Parkplatz zum Kindergarten oder zum Supermarkt können Sie „nutzen", um zu verweilen. Was gibt es hier zu hören und zu riechen? Sind es immer die gleichen Geräusche und Gerüche? Woher kommen sie? Sind sie angenehm? Welche Menschen sind hier? Was sagen uns ihre Gesichter? Worauf treten unsere Füße? Was würden sie entdecken, wenn sie Augen hätten? Übrigens, ein Wahrnehmungsspiel, das Kinder lieben: „Was sehen meine Füße?"

Auch wenn es regnet oder schneit, können wir in Augenblicken Neues entdecken und verweilen: Bevor Sie aus dem Auto steigen, horchen und sehen Sie, wie der Regen auf die Scheiben, aufs Autodach fällt, wie die Tropfen oder Flocken am Glas herunter rutschen ...

Zwei Minuten innehalten

Auch wenn Sie für kleine Entdeckungen auf den täglichen Wegen zwei Minuten mehr Zeit brauchen – was sind schon zwei Minuten, wenn der Tag für viele von uns fünfzehn Stunden lang ist (das sind immerhin 900 Minuten!). Zwei Minuten, die uns die Chance geben, innezuhalten, zu verschnaufen, wirklich da zu sein, uns und anderes wahrzunehmen und Ruhe zu finden.

Ich seh' etwas

An einem Tag spielen Sie mit Ihrem Kind – am besten auf einem vertrauten Weg – das alte Spiel „Ich seh' etwas, was du nicht siehst ..." Aber jeder sucht sich nur einen einzigen Gegenstand aus. Denn der soll ja nicht nur gefunden, sondern richtig entdeckt werden. Sie nehmen ihn gemeinsam „unter die Lupe": Wie fühlt er sich an? Glatt, rauh, kalt? Hart oder weich? Was kann die Nase riechen? Was können die Augen darauf und darunter entdecken? Gehen Sie ganz dicht an das Objekt heran, betrachten, beschnuppern Sie es. So nehmen Sie jedes Mal zwei Dinge aufmerksam wahr, an denen Sie sonst wohl unachtsam vorbeigegangen wären.

Ein ganz besonderer Stein

Ein Weg wird auch etwas ganz Besonderes, wenn dort jeder nach einem bestimmten Gegenstand sucht. Stellen Sie beispielsweise die Aufgabe: „Suche einen Stein. Nur ein einziger soll es sein. Einer, der dir besonders gut gefällt. Er sollte glatt und gerade so groß sein, daß du ihn mit einer Hand fest umschließen kannst."
So sucht sich jeder seinen Stein und erzählt dann, warum es gerade dieser ist; wie er sich anfühlt, wenn er in der Hand liegt oder wir mit ihm über die Wange streichen. Und wie sieht der Stein aus? Gewiß werden Sie an diesem Tag mehr Steine sehen als je zuvor auf diesem Weg, denn die ganze Aufmerksamkeit gehört ihnen. Und sicher werden Sie noch andere Entdeckungen machen. Der Stein erhält zu Hause einen besonderen Platz. Vielleicht schmückt er sogar die Krippenlandschaft. Immer wieder kann er in die Hand genommen und betrachtet werden. Ihr Kind kann ihn auf die ausgestreckte Hand oder auf den Kopf legen und versuchen, damit durch die Wohnung zu gehen. Wie fühlt der Stein sich an, wenn er von einer Hand in die andere rollt? Das Kind kann ihn ein wenig in die Höhe werfen und versuchen, wieder aufzufangen. Klappt das auch, wenn es ein paar Schritte dabei macht?
Und wenn Sie in den nächsten Tagen den gleichen Weg zusammen gehen, erkennen Sie die Stelle wieder, wo der Lieblingsstein lag?

Kreise, Spiralen, Mandalas

Wer entdeckt in der Natur oder in der weihnachtlich geschmückten Stadt ein Mandala, einen Gegenstand, der ein Kreismuster zeigt? Das kann das Stoffmuster eines Kleides im Schaufenster sein, ein Teil eines gepflasterten Platzes, die Jahresringe eines gefällten Baumes, ein Schneckenhaus, die Ringe, die sich auf dem Wasser bilden, wenn ein Stein hineingeworfen wird, oder auch ein Kirchenfenster.

Überhaupt ist die Kirche ein Ort, in dem wir Stille finden können. Gehen Sie einmal außerhalb eines Gottesdienstes in die Kirche. Setzen Sie sich für ein paar wenige Minuten hin und betrachten Sie ein einziges Fenster oder ein Bild, den lichtergeschmückten Altar oder die Krippenlandschaft. Sie werden spüren, wie gut die Stille hier tut.
Zu Hause können Kinder dann eines der entdeckten Mandalas malen oder aus vorhandenen Materialien ein Mandala legen.

Grüne Wunder im Winter

Ist der Winter wirklich grau, gibt es in der Natur nicht auch Grünes zu sehen? Gehen Sie gemeinsam auf die Suche, im Wald oder auch in der Stadt. In den Vorgärten ist grünes Efeu zu entdecken, eine Kiefer oder Tanne und eine Hecke aus Kirschlorbeer; auf dem Land in den kahlen Baumkronen grüne Misteln oder in Hecken und Zäunen das Geißblatt; im Wald grünes Moos, Efeu, Stechpalmen und Wacholder ...

Einmal Nachtwächter sein

Im Dezember bietet sich die Gelegenheit, gemeinsam die nähere Umgebung bei Dunkelheit zu betrachten. Alle sind „Nachtwächer“, und jeder beobachtet. Das kann das Lichtermeer in der Stadt sein oder ein einzelner lichtergeschmückter Baum oder die Fenster in der Nachbarschaft. Welche Geräusche sind zu hören? Was ist jetzt anders als am Tag?
Gönnen Sie sich auch mal das besondere Erlebnis, draußen auf dem Land den Sternenhimmel zu betrachten. Um als Sternengucker Erfolg zu haben, sollten Sie einen klaren, wolkenlosen Abend auswählen. Suchen Sie den Polarstern im Norden, den Stern, in dem die Deichsel des kleinen Wagens endet. Wer entdeckt außer dem kleinen und dem großen Wagen noch andere Sternbilder?

Entdeckungen von besonderem Wert

Immer wieder läßt sich draußen etwas zum Mitnehmen entdecken, was zu Hause dann einen besonderen Platz erhält: ein Stein, ein Stückchen Moos, ein welkes Blatt, ein Ast oder Zapfen, ein Halm mit trockenem Blütenstand ...
Und manches eignet sich zum Ausschmücken der Krippenlandschaft. Kinder finden so einen innigeren Bezug zur Natur wie zur Krippe.
Nicht zuletzt lernen wir durch kleine „Entdeckungsreisen“, uns wieder besser zu konzentrieren und unsere Aufmerksamkeit auf eine Sache zu lenken. Eine wichtige Voraussetzung, um innere Ruhe zu finden.

Der Wunsch nach Wärme und Gemütlichkeit

Wenn der Winter naß und kalt ist und wir womöglich länger draußen waren, empfinden wir es zu Hause besonders gemütlich. Ein warmes Getränk oder eine warme süße Speise verstärkt das Wohlgefühl noch. Zutaten wie Äpfel, Nüsse, Mandeln, Honig, Zimt und Schokolade sorgen für „weihnachtliches Kribbeln im Bauch". In aller Ruhe können wir solche kleinen „Aufwärmer" gemeinsam mit den Kindern zubereiten und genießen, dabei Besonderheiten im Alltäglichen entdecken – und wunderbar entspannen.

„Trinke Tee und vergiß die Unruhe der Welt"

Die kalte Jahreszeit lädt geradezu ein, gemütlich und genüßlich eine Tasse Tee zu trinken und dabei die „Unruhe der Welt" zu vergessen – wie Japaner sagen, die ja Teepausen sehr schätzen.

Was an einer Tasse Tee so besonders sein soll? Machen Sie etwas Besonderes daraus! Alles, was Sie dazu brauchen, ist Wasser, ein „offener" Winter- oder Weihnachtstee, groben Kandiszucker und, anstatt Tassen, für jeden ein Teeglas.

Richtig weihnachtlich schmecken Früchtetee-Mischungen, die neben Johannis-, Holunder- und Heidelbeeren auch Hagebutten und Apfelstückchen, Korinthen und Mandeln, Zimt und Nelken, Orangen- und Zitronenschalen enthalten.

- Schon die Vorbereitungen können für alle entspannend sein: Lassen Sie Ihr Kind, Ihre Kinder den Duft des Tees schnuppern, wenn die Packung geöffnet wird.

Betrachten Sie dann ein Häufchen Tee in der offenen Hand. Jeder tastet vorsichtig mit den Fingerspitzen über die trockenen Teeblättchen und die anderen Zutaten.

Versuchen Sie gemeinsam die Zutaten herauszufinden, mit Augen, Nase und Fingern Bekanntes neu zu entdecken.

- Nun den Tee in einer Kanne aufbrühen. Einige Minuten ziehen lassen und durch ein Sieb in die Gläser einschenken. Sie meinen, auch das sei nichts Besonderes? Doch, denn hier gibt´s wieder etwas zu beobachten: die Teemischung im Sieb sieht ganz anders aus als zuvor auf der Hand, und das Wasser, das nun zu Tee geworden ist, hat eine neue Farbe bekommen.

Wartezeiten lassen sich leicht überbrücken, denn da gibt´s ja noch den Kandiszucker zu bewundern: In einem Schälchen präsentieren Sie die braunen und weißen Kristalle. Wie Edelsteine sehen sie aus, und keines gleicht dem anderen. Betrachten Sie gemeinsam Farbe, Größe und Struktur. Wenn Sie eine Kerze anzünden, wird´s nicht nur gemütlicher, Sie können auch herausfinden, ob das Kerzenlicht durch die Zuckerstückchen schimmert. Ob die Kristalle jetzt intensiver glänzen?
Bevor Sie den Kandiszucker zum Süßen verwenden, darf jeder ein Stück davon naschen. Man spürt den Unterschied zum normalen Würfelzucker.

Nun ein paar Stücke Kandiszucker in den heißen Tee fallen lassen und dabei schauen, wie schnell sie zu Boden sinken. Selbst wenn der Teelöffel sie im Glas herumwirbelt, dauert es eine ganze Weile, bis sie sich auflösen. Ein kleines Schauspiel läßt sich da durchs Glas beobachten! Und klingt es nicht wie feiner Glockenklang, wenn der Löffel ans Glas schlägt? Bevor sich die kleinen Edelsteine auflösen, fischen Sie einen heraus, lutschen, schmecken, spüren, daß er viel glatter ist als das erste Stückchen Kandiszucker.

Derweil ist der Tee etwas abgekühlt, und Sie können ihn trinken.

Teilen Sie einander mit, was Sie sehen, riechen, schmecken, spüren. Sicher fühlen Kinder genau wie Sie, wie warm der Tee in den Körper fließt und wie gut es tut, ganz aufmerksam und bewußt alltäglichen Dingen nachzuspüren.
So eine besinnliche Teezeit bringt nicht nur Ruhe, sondern erfüllt auch unsere Wünsche nach Wärme und Geborgenheit, denen wir gerade im Advent so gerne nachspüren.

Wiederholen machen Freude

Wenn Ihre Familie eine Aktivität besonders gern mag, dann wiederholen Sie diese! Auch mehrfach. Etwas Schönes von neuem zu erleben und bestimmte Momente wiederzuerkennen hat seinen ganz eigenen Reiz, weckt bereits im Voraus Freude und wirkt beruhigend.

Frau Holles heiße Schokolade

Eine Tasse warme Schokolade, mit Schneeflocken aus Vanillesahne geschmückt und verfeinert. Das ist ganz einfach und köstlich.

Zutaten: Kakaopulver, Milch, Schlagsahne, 1 Vanilleschote oder 1 Päckchen Vanillezucker. Übrigens: Weiße Pünktchen auf Vanilleschoten sind kein Schimmel, sondern kleine Vanillekristalle.

Mischen Sie das Kakaopulver unter die warme Milch. Nun kommt die Vanilleschote: Bevor sie ausgedrückt wird, heißt es fühlen und schnuppern. Diese dunkle Kostbarkeit nahmen schon die alten Azteken zum Würzen ihrer Schokoladengetränke. Ihr Kind kann nun mit dem Messerrücken auf einem Küchenbrett das braunschwarze Mark aus der Vanilleschote herausstreichen. Wird es mit der flüssigen Sahne vermischt, sieht man oben drauf die kleinen dunklen Punkte schwimmen. Nun die Sahne steif zu Schnee schlagen und als Schneeflocken auf den warmen Kakao in den Tassen verteilen.

Bleibt noch Zeit, das Märchen von Frau Holle zu erzählen, während die warme Köstlichkeit getrunken wird.

Ein einfacher Früchtepunsch

Zutaten: 3 Eßlöffel Früchtetee, 1 Nelke, 1 Zimtstange, zwei Orangen, 1 halbe Zitrone, Honig oder Kandiszucker.

Früchtetee mit einem Liter kochendem Wasser aufgießen, die Nelke und die Zimtstange hineinlegen und mindestens zehn Minuten ziehen lassen. Währenddessen Orangen schälen und in kleine Stücke schneiden und die Zitrone auspressen. Alles in einen Topf geben und den Früchtetee darüber abgießen. Nun noch süßen – und genießen.

Schlemmer-Banane

Zutaten: 1 Banane, 1 Zitrone, 1 Teelöffel Honig, 1 Teelöffel Butter, 1 Eßlöffel Mandelsplitter.

Die Banane wird geschält und der Länge nach halbiert. Betrachten Sie gemeinsam, wie sie innen aussieht. Backen Sie dann die Bananenhälften mit etwas Butter in einer Pfanne aus, dann wird sie auf einen Teller gelegt und mit Zitronensaft beträufelt. Zuletzt kommen noch etwas Honig und Mandelsplitter darüber.
Eine schnelle, kleine, warme Köstlichkeit, die gut tut und uns Zeit zum Plaudern und Erzählen läßt.

Die Zutaten laden zum Genießen ein

Kleine Köstlichkeiten zum Aufwärmen sind nicht nur bei Kindern in der Adventszeit beliebt. Besonderen Genuß sowie wohltuende Ruhe erfahren wir, wenn wir bereits beim Zubereiten mit dem Genießen beginnen, wenn wir ganz bewußt mit allen Sinnen bei der Sache sind. Die Zutaten laden geradezu ein, sie zu betrachten und zu fühlen, an ihnen zu schnuppern und sie zu schmecken.

Bratapfeltag

**Wir waschen Äpfel und stechen die Kerne aus,
füllen Honig und Nüsse hinein und, wer mag,
Rosinen und Mandeln. Dann ab ins Backofenhaus.
Heute schlemmen wir, denn heut' ist Bratapfeltag**

Mit einem kleinen Gedicht bekommen die Kinder Äpfel überreicht: zum Waschen und Abtrocknen, zum Schnuppern und Betasten. Haben sie schon bemerkt, wo sich der alte Blütenstand befindet, wie das Wasser an der Schale abperlt?

Während Sie das Kerngehäuse ausstechen, können die Kinder an den Zutaten riechen und mit feuchten Fingerspitzen etwas naschen, bevor sie alles miteinander vermischen. Wenn dann die Äpfel im Ofen brutzeln, helfen die Kinder den Tisch zu decken. Ein Apfel wird als Tischschmuck blank poliert und erhält noch ein paar Nüsse zur Gesellschaft.

Zutaten: Boskopäpfel, 40 g Rosinen, etwa 3 Eßlöffel Marmelade, 50 g gehackte Mandeln oder gemahlene Haselnüsse, ein paar Tropfen Zitronensaft, etwa 2 Eßlöffel Butter und Zimt.

Wenn Sie die folgenden Zutaten für die Füllung verwenden, werden die Bratäpfel zu einer richtigen Mahlzeit: 100 g Vollkornbutterkekse, etwa 3 Eßlöffel Butter, 2 Eßlöffel Honig, 2 Eßlöffel Rosinen, 2 Eßlöffel gehackte Mandeln oder Haselnüsse, Saft von 1 Orange, 1 Eigelb, 1 Prise Zimt.

- Legen Sie gleich zu Beginn die Rosinen zum Einweichen in den Orangensaft, und schalten Sie den Backofen auf 200°C.
- Für die Füllung werden die Kekse zerbröselt, mit der Hälfte der Butter, dem Honig, dem Eigelb vermischt, die Rosinen mitsamt dem Orangensaft kommen hinzu.
- Mit dieser Masse oder der Marmeladenmasse werden die ausgestochenen Äpfel, die bereits auf dem Backblech stehen, gefüllt. Auf jeden Apfel etwas Butter geben, auf der mittleren Schiene dann etwa 30 Minuten backen.

Warmes Apfelkompott mit Zimtcreme

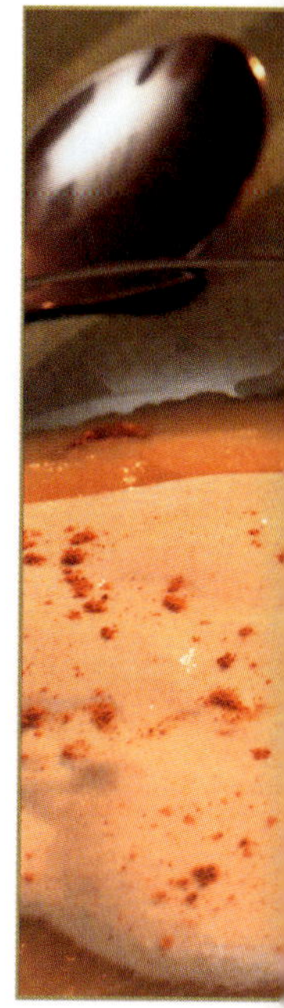

Zutaten für 4 Naschkatzen: etwa 6 Äpfel, 1 Zitrone, 5 Eßlöffel Rosinen, etwa 8 Eßlöffel Wasser; für die Creme 2 Becher Naturjoghurt, 2 Eßlöffel Honig, 1 Teelöffel Zimt und 200 g süße Sahne.

Verwenden Sie ungespritzte Äpfel, können Sie die Schalen, die reich an Vitamin C sind, trocknen und später als Apfelschalentee, mit Apfelsaft gesüßt, genießen.

- Mit einem Kartoffelschäler können Kinder die Äpfel schälen. Wer schafft die längste Apfelschalenspirale? Ein uraltes Orakel, das Glück bedeutet, wenn die Schale nicht in Teile fällt.
- Schneiden Sie die Äpfel quer auf, so daß die Kerngehäuse als Sterne erscheinen. Danach nochmals halbieren, das Kerngehäuse entfernen, und die Apfelstücke in einen Topf geben.
- Die Kinder geben den Saft der Zitrone, die Rosinen und Wasser hinzu. Deckel auf den Topf und kochen. Nach fünf Minuten den Topf neben den Herd stellen, und die Äpfel garen lassen.
- Mittlerweile werden Joghurt, Zimt und Honig verrührt und dann unter die steif geschlagene Sahne gezogen.
- Das warme Apfelkompott in Portionsschälchen füllen, und die Zimtcreme darauf verteilen.

Auch hier das Riechen, Schmecken und Betrachten nicht vergessen. Vielleicht entdecken die Kinder von selbst das schöne Sternenmuster in den halbierten Zitronen und Äpfeln. Und sollten Sie eine Zimtstange im Haus haben, können die Kinder die ursprüngliche Form des Zimtgewürzes kennenlernen und Farbe und Geruch miteinander vergleichen.

Stille Spiele

Kleine Aktionen, die Kindern und Erwachsenen die Möglichkeit geben, sich etwas zu bewegen und dennoch still zu sein, sind in der kalten, dunklen Jahreszeit, wenn alle viel zu Hause sind, besonders wertvoll. Wer sich bewußt auf diese „Spiele“ einläßt, wird spüren, daß sie viel Ruhe und Entspannung schenken.

Horch, was ist denn das?

Die Spieler sitzen am Tisch oder auf dem Boden. Unter einem Tuch verdeckt, liegen ein Bogen Papier, eine Kinderschere und Farbstifte (möglichst kantige Stifte).

Jeder Spieler streicht mit den Händen über das Tuch, greift darunter und tastet, was sich hier verbirgt. Das alles möglichst lautlos. Wenn sich alle auf die Stille eingelassen haben, beginnt das eigentliche Spiel.

Das Tuch wird hochgenommen, die Gegenstände sind sichtbar. Nun heißt es aufhorchen! Ein Spieler schließt die Augen oder legt den Kopf auf die verschränkten Arme. Ein anderer erzeugt mit den Dingen, die in der Mitte liegen, ein Geräusch. Der Spieler mit den geschlossenen Augen sagt oder beschreibt, was er gehört hat. Hat er richtig geraten, kann er aufschauen, das Geräusch wird zur Bestätigung wiederholt. Dann geht's weiter.

Alle werden staunen, was man mit den wenigen Dingen machen kann:
das Papier flattern lassen,
langsam einen Papierstreifen reißen,
das Papier zusammenknüllen,
eine Papierkugel aus der Luft auf den Boden fallen lassen,
geknülltes Papier glatt streichen,
mit der Schere ins Papier schneiden,
mit der Schere in die Luft schnippen,
die Schere fallen lassen,
mit einem Stift übers Papier fahren,
zwei Stifte aneinander klopfen,
zwei Stifte zwischen den Händen aneinander reiben,
mit einem Stift auf den Boden, den Tisch tippen,
einen Stift hin und her rollen,
mit einem Stift auf den Papierbogen schlagen ...

Auch mit anderen Dingen lassen sich vielfältige Geräusche erzeugen. Im Advent bieten sich beispielsweise Silber- oder Goldpapier, Nüsse, Kerzenreste an. – Dieses Spiel ist beruhigend und konzentrationsfördernd.

Erkennst du mich?

Die Spieler sitzen oder stehen im Kreis. Vor ihnen befinden sich kleine Gegenstände gleicher Art in derselben Anzahl wie Mitspieler. So könnten etwa für vier Spieler vier unterschiedlich geformte Steine bereit liegen. Oder auch verschiedene Nüsse mit Schale oder Spielzeugfigürchen, große und kleine Knöpfe, Fell- und Stoffreste. Je ähnlicher sich die Gegenstände sind, desto mehr Konzentration erfordern sie.

Jeder wählt einen Gegenstand aus, betrachtet und betastet ihn aufmerksam. Dann nehmen alle ihren Gegenstand hinter den Rücken und reichen ihn verborgen an den Nachbarn weiter. Die Gegenstände machen die Runde. Wann hält man wieder den eigenen in der Hand? Ein prüfender Blick bestätigt das gute Gefühl. Woran erkannte jeder seinen Gegenstand?

Zapfenkegeln für einzelne und mehrere

Etwa zehn kleine Kiefernzapfen stehen mit geringem Abstand zueinander in einer Reihe auf dem Boden. Jeder, der mitspielt, nimmt eine Nuß oder Mandarine in die Hand. Wem gelingt es aus einer Entfernung von etwa einem Meter einen der Zapfen zu treffen? Die Nuß oder Mandarine darf nur gerollt, nicht geworfen werden. Gar nicht so einfach, denn Nüsse und Mandarinen sind nicht so rund wie ein Ball und nehmen ihre eigenen Wege. Am besten, man versucht´s gleich noch mal.

Der Spieler, der einen Zapfen trifft, nimmt diesen zu sich. Wer hat am Schluß die meisten Zapfen? Wie viele Versuche braucht ein Spieler, um drei Zapfen zu treffen?

Kleine Fahrt durchs Labyrinth: ein Geschicklichkeitsspiel für Kleinere

Mit Holzklötzen, Nußschalen, Steinen und Zapfen oder mit einem weichem Seil wird ein kleines Labyrinth oder ein langer, gewundener Weg gelegt. Engpässe und Tunnels machen den Weg noch interessanter. Er sollte jedoch überall so breit sein, daß eine Apfelsine, Mandarine oder eine Walnuß hindurch rollen kann.

Beim Aufbau sollte möglichst nur geflüstert oder gar geschwiegen werden. Nach dem Bau fährt Ihr Kind zunächst erst einmal mit einem Finger den Weg entlang. Dann heißt es, eine Apfelsine, eine Mandarine oder eine dicke Walnuß auf der Strecke hin und zurück zu rollen. Das Kind kann auch einen Holzlöffel zum Rollen nehmen. Wenn möglich, bleibt das „Bauwerk" noch bis zum nächsten Tag stehen, damit das Spiel wiederholt werden kann.

Die Adventsspirale: auf dem Weg zur inneren Mitte

Der Vorliebe der Kinder, verschlungene Wege zu gehen, kommt eine Adventsspirale entgegen. Bereits beim Legen der Spirale und mehr noch beim aufmerksamen Gehen in der Spirale erfahren die Kinder deren besondere Kraft: Konzentriert gehen sie einen Weg von außen nach innen und damit unbewußt zur inneren Mitte und inneren Ruhe.

Von innen nach außen: Eine Spirale legen

Legen Sie eine Spirale auf dem Boden im Wohnzimmer oder im Kinderzimmer. Woraus, bleibt Ihrer Fantasie und Ihren Möglichkeiten überlassen. Tannenreisig, Zapfen, Zweige, Steine oder Nüsse passen besonders gut in die Winter- und Adventszeit. Diese Dinge können Sie gemeinsam auf einem Spaziergang sammeln. Aber auch Bausteine aus dem Kinderzimmer eignen sich.

Am leichtesten gelingt die Spirale, wenn Sie im Mittelpunkt beginnen. Hier sollte ein Teller oder ähnliches sein, wo später ein Licht aufgestellt werden kann. Machen Sie die Wege so breit, daß man darin gut zur Mitte gehen kann.

Wenn ein Kind mitbaut, geben Sie eine Orientierungshilfe, indem Sie die Spirale in größeren Abständen mit Nüssen, Steinen, Klötzchen markieren. Nun kann auch ein Kind die Zwischenräume ausfüllen.

Sprechen Sie nur wenig und leise. Vielleicht spielt im Hintergrund eine beruhigende Musik.

Zum Schluß betrachten Sie das Werk gemeinsam. Kündigen Sie an, daß Sie später (am Abend oder nächsten Tag) noch etwas mit dieser Spirale vorhaben.

Das Legen der Spirale nimmt etwas Zeit in Anspruch und fordert von einem Kind die ganze Aufmerksamkeit. Zugleich ist dies bereits ein besonderes Erlebnis. So kann das Gehen in der Spirale zum Ausklang des Tages oder an einem anderen Tag geschehen.

Übrigens ist der Bau der Spirale eine schöne Gruppenarbeit. Jedes Kind erhält etwa drei Teile. Nacheinander legen sie diese leise und langsam in die Zwischenräume. Zum Schluß stellen sich alle um die Spirale und betrachten sie.

Von außen nach innen:
In der Spirale zur Mitte gehen

Der Raum ist nun leicht abgedunkelt. In der Mitte der Spirale brennt jetzt ein Licht. Sie sitzen oder stehen gemeinsam vor dem „Eingang" der Spirale.

Geben Sie Ihrem Kind eine Christbaumkerze, die in einer Pappscheibe steckt und später vor heißen Wachstropfen schützt. „Gehe den Weg zur Mitte. Denke nur an deine Schritte. Spüre, wie du einen Fuß vor den anderen setzt. Gehe immer dem Licht entgegen, und zünde deine Kerze daran an."

Sie können auch das folgende Gedicht sprechen:

Ein kleines schimmerndes Kerzenlicht
steht in der Mitte und wartet auf dich.
Geh langsam, geh leise, geh Schritt für Schritt.
Spür deine Füße, fühl jeden Tritt.
Geh langsam, geh leise zum Lichterschein,
dann wirst du bald bei der Kerze sein.
Das kleine schimmernde Kerzenlicht
steht in der Mitte und wartet auf dich.

Hat das Kind in der Mitte die Kerze angezündet, geht es wieder zurück – langsam und mit Bedacht. Zur Verstärkung können Sie sagen: „Gehe langsam, ganz langsam, still und leise, Schritt für Schritt, und hüte dein Licht." – Am Schluß kommt das Licht in einen Kerzenhalter.

Dieses Gehen mit der Kerze ist für jedes Kind etwas Besonderes, es erfordert Konzentration auf das flackernde Licht und den Weg. Doch ist es nicht nur ein Erlebnis für das Kind, das gerade geht. Die Kerze, die durch die Spirale getragen wird, wirft an immer neuen Stellen im Raum Licht und Schatten. Und die Ruhe, die im Raum schwebt, wird sich auch auf Sie und andere Anwesende übertragen. Wenn nun noch Sie – oder ein weiteres Mitglied Ihrer Familie – den Weg zur Mitte gehen und eine Kerze anzünden, wird der Raum stärker erhellt. Und Ihr Kind kann nun auch beobachten, wie sich Licht und Schatten verändern.

Auch hier spielt die Wiederholung – an einem anderen Tag! – eine wichtige Rolle: Gilt die ganze Aufmerksamkeit des Kindes am ersten Tag dem Weg und der Kerze, so werden bei Wiederholungen die Lichteffekte im Raum immer interessanter.

An einem Adventssonntag könnte die ganze Familie eine Spirale bauen. Dabei wird der Weg hier und da mit Lichtern beleuchtet. Jeder geht den Weg hin und zurück. Zum Schluß wird ein Weihnachtslied gesungen.

Wenn die Situation es erlaubt, können Eltern und Kinder sich auch an den Händen fassen und den Weg gemeinsam gehen. Ein Kind, das die Kerze trägt und anzündet, geht voran.

Klänge, Töne und Musik

Weihnachten ohne Weihnachtslieder? Das ist für uns kaum vorstellbar. Auch Kinder lieben Musik. Und wenn Musik nicht als Nebensächlichkeit, sondern als Besonderheit angeboten wird, lauschen Kinder und Erwachsene zugleich, lassen sich gern faszinieren, spüren Stimmung und Entspannung.

Aber nicht selten berieseln uns im Alltag, bei den Mahlzeiten, bei der Arbeit und beim Spiel, das Radio und der Fernseher mit Musik und vielen, schnellen Worten. Meist hören wir gar nicht richtig zu, wissen nicht, was gerade gesprochen oder gesungen wurde. Doch wer sich Ruhe im Advent wünscht, sollte sich wieder mehr auf sich selbst besinnen. Das kann mit Musik gelingen – wenn wir bereit sind, auch mal den einen oder anderen Abend, den einen oder anderen Tag ohne Fernseh- und Radioberieselung auszukommen.

Musik – mit den Ohren sehen, mit den Augen fühlen

Wer sich hin und wieder einige Minuten Zeit nimmt und aufmerksam Musik hört, mit seinen Kindern auf der Winterwiese oder im Lichterschein des Adventskranzes Lieder singt, wird eine Erfahrung machen, die vielen fremd geworden ist: Töne fordern uns auf zu Bewegung und Tanz, zum Singen und Fröhlichsein. Töne wecken Erinnerungen und neue Vorstellungen, Phantasie und Träume. Mit Tönen können wir auf Phantasiereisen gehen, die uns zur Ruhe führen, wenn wir es wünschen. Wir hören Töne, die uns Bilder zeigen, Bilder, die uns berühren und Gefühle wecken. So können wir mit den Ohren sehen und mit den Augen fühlen. Jeder auf seine ganz eigene Weise.

Wählen Sie entspannende Musik, lassen Sie sich eventuell beraten. Für die Adventszeit gibt es klassische Weihnachtskonzerte. Aber auch Improvisationen mit Panflöte und Orgel, Blockflöten- und Harfenmusik, Klavierstücke oder Gregorianische Gesänge eignen sich, um sie gemeinsam mit Kindern zu hören. Meiden Sie die üblichen Weihnachtslieder, die man in jedem Kaufhaus hört.

Klassik, auch für Kinder

- Johannes Brahms, Walzer A-Dur, op. 39 Nr. 15, Klavier (nur 1'22 Minuten).
  Zu dieser Musik können Sie Ihr Kind auf den Arm nehmen und einen kleinen Walzer tanzen. Kinder freuen sich auch sehr, wenn Papa und Mama gemeinsam tanzen – mit oder ohne Kind auf den Armen.
- Joseph Haydn, Flötentrio G-Dur, Andante, Flöte, Violincello und Klavier (5'33 Minuten).
- Wolfgang Amadeus Mozart, Eine kleine Nachtmusik, Orchester, Romanze (5'42 Minuten).
- Robert Schumann, Des Abends, aus: Fantasiestücke, op. 12, Klavier (3'27 Minuten).

- Robert Schumann, Einsame Blumen, aus: Waldszenen, op. 82, Klavier (2 Minuten).

Übrigens: Drei bis maximal fünf Minuten intensiv Musik hören – das reicht für Kinder völlig aus. Dann behalten sie das Musikerlebnis in angenehmer Erinnerung und wiederholen es gern.

Musik, Traum und Tanz

- Machen Sie es sich im Laufe des Tages für ein paar Minuten auf Ihrer Winterwiese oder dem Sofa bequem oder auch abends am Bett, bevor die Kinder schlafen. Ziehen Sie bei Tag die Vorhänge zu, zünden Sie eine Kerze oder die Lichter am Adventskranz an, abends lassen Sie die Dämmerung, die Dunkelheit ins Zimmer. Sie haben dafür gesorgt, daß in den nächsten Minuten kein Telefon stört. Mit leiser, ruhiger Stimme erzählen Sie, daß Sie jetzt gemeinsam Musik hören möchten, die Sie extra ausgewählt haben. „Seid leise, und laßt eure Ohren lauschen. Solange wir die Musik hören, sagt niemand ein Wort. Wer möchte, kann seine Augen schließen und bei der Musik träumen ...“

Lassen Sie die Töne für sich sprechen, und träumen auch Sie Ihren Weihnachtstraum.

Mit Kindern ab etwa fünf Jahren können Sie anschließend noch kurz über die Musik und das Erlebnis reden. Jeder erzählt, was er bei den Tönen empfunden hat.

Musik hören ist Übungssache. Wiederholen Sie die kleinen Musikmeditationen immer wieder, sei es mit dem gleichen oder auch anderen Stücken.

- Wenn Sie die Musik zum wiederholten Male anhören, bewegen Sie sich dazu doch gemeinsam im Raum! In jeder Hand ein Seiden- oder Chiffontuch, und aus der Bewegung wird ein Tanz – ganz gewiß! Probieren Sie´s einmal.

Musik nur für mich

Gönnen auch Sie sich ganz allein am Tag oder zum Feierabend ein Musikstück. Genießen Sie es intensiv und in Ruhe.

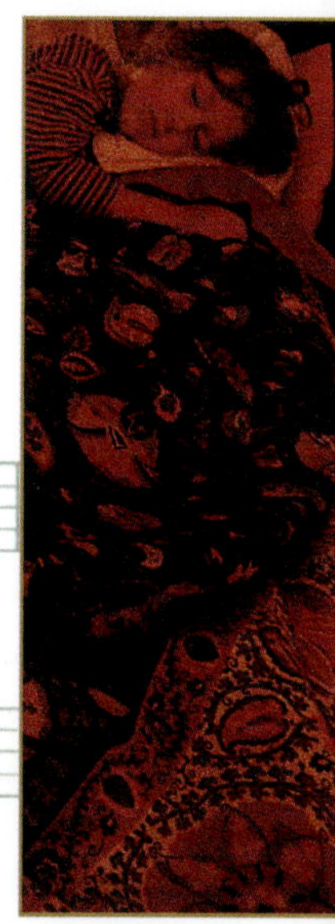

Weihnachtslieder

Viele meinen, sie könnten nicht singen. Wenn auch Sie dazugehören, kann ich Ihnen nur versichern: Sie können's! Und gerade Kinder- und volkstümliche Weihnachtslieder haben eine einfache Melodie. Oft fehlt nur der Text. Nehmen Sie ein Liederbuch zur Hand, singen Sie „Ihr Kinderlein, kommet", „Zu Bethlehem geboren" oder andere bekannte Lieder, und Sie werden staunen, wie gut das geht. Übrigens kann auch dies ein Ritual werden: Immer zu einer bestimmten Zeit oder Situation im Advent singen Sie mit Ihrem Kind oder Ihren Kindern ein Weihnachtslied.

So schön manches neue Adventslied ist, so sollten die alten Lieder doch nicht in Vergessenheit geraten.
Gerade sie verbinden uns mit anderen, ermöglichen ein gemeinsames Singen mit Eltern und Großeltern, ja sogar mit ausländischen Freunden und Gästen, denn viele alte Weihnachtslieder sind international, zum Beispiel: Stille Nacht (in über 300 Sprachen!), O du fröhliche, O Tannenbaum, Jingle Bells (Klingeling, klingt's durch Wald und Feld).

Lieder, die uns bewegen

Kleine Kinder lieben es, wenn zum Gesang der Rhythmus geklopft, geschlagen, geklatscht, gestampft wird oder Bewegungen, Gebärden, Zeichen dazu gemacht werden. Das Erlebnis wird dadurch intensiver.
Hier einige Anregungen zu den Liedern „Leise rieselt der Schnee" und „Still, still, still, weil 's Kindlein schlafen will": Sie können bei „leise" oder „still" einen Finger auf den Mund legen, „Schnee" mit zappelnden Fingern von oben nach unten „rieseln" lassen, die Weite und Größe von See und Wald mit gestreckten ruhigen Armen in einem Bogen beschreiben, bei „freue dich ..." einmal kurz in die Hände klatschen, das Schlafen des Kindleins mit wiegenden Armen andeuten.
Gewiß fallen Ihnen mit der Zeit noch andere Möglichkeiten ein, wie sich Lieder mit Bewegung ausschmücken lassen. Aber zu ein und demselben Lied sollten immer die gleichen Bewegungen ausgeführt werden. So können sich Kinder gut orientieren und sie mit der Zeit nachahmen.

Leise Klänge

Gern spielen Kinder zu Weihnachtsliedern ein kleines Instrument. Das ist einfach und erfordert nicht einmal Noten. In Musikhäusern gibt es Finger- und Minizymbeln, Schellenbänder und Rasseln, Triangeln, Klangstäbe und ähnliches mehr. Damit läßt sich so manches Lied im Rhythmus begleiten.

Zunächst werden Kinder mit dem neuen Instrument experimentieren und erkunden, welche Töne sich erzeugen lassen, und auch von selbst herausfinden, daß nur dann schöne Töne erklingen, wenn sie das Instrument auf bestimmte Weise in die Hand nehmen (so klingt beispielsweise die Triangel nicht, wenn das Dreieck mit der Hand berührt wird).

Um ein Lied zu begleiten, braucht ein Kind dann etwas Übung im Umgang mit dem Instrument und beim Rhythmus.

Hier kurze Beispiele für eine einfache Liedbegleitung: Bei „Kling, Glöckchen“ ertönt die Triangel oder der Schellenkranz im ersten und letzten Teil (Refrain), und zwar bei den Worten „Kling, Glöckchen, klingelingeling, kling, Glöckchen, kling“. Ähnlich kann bei dem Lied „O Tannenbaum“ der Teil „O Tannenbaum, o Tannenbaum, wie grün sind deine Blätter“ begleitet werden.

Grundsätzlich kann auch ein Erwachsener immer leicht in die Hände klatschen, um den Rhythmus vorzugeben, die Kinder schließen sich dann mit ihrem Instrument an.

Singen Sie leise, fordern Sie Ihr Kind oder Ihre Kinder auf, das Lied ebenso leise und zart zu begleiten, damit die Musik schön und weihnachtlich klingt.

Immer aber gilt, daß bei all dem die Freude des Kindes an der Musik im Vordergrund stehen sollte und nicht die „perfekte Liedbegleitung“.

Wenn solch ein kleines Rhythmus-Instrument nur hin und wieder zum Einsatz kommt, beispielsweise nur in der Adventszeit, zum Geburtstag oder zu anderen Festen, wird es eine Attraktion und Besonderheit bleiben.

Wenn es abend wird: Beim Zauber von Dunkelheit und Licht

Die Morgensonne läßt im Dezember lange auf sich warten, und am Abend wird es in den Zimmern früh dunkel. – Doch ein Druck auf den Lichtschalter genügt, und die Räume sind taghell.
Einerseits ganz praktisch, andererseits schade, denn Dunkelheit und Kerzenschein können faszinierende Erlebnisse sein. Und sie können uns zu Ruhe und Entspannung führen.
Kerzenschein – unwillkürlich verknüpfen wir damit schöne Erinnerungen und Gefühle der Freude. Wir denken an die Adventszeit oder auch an ein Essen zu zweit und an Romantik. Wir spüren Wärme und Ruhe. Auch Kinder sind immer wieder vom Licht und der Flamme einer Kerze fasziniert. Nur selten haben sie jedoch im Alltag Gelegenheit, diese Faszination tatsächlich zu erleben. Nun, die Adventszeit bietet sich geradezu an, Kindern und uns solche Momente zu schenken, die ebenso bezaubernd wie beruhigend sein können.

Im Dunkeln kuscheln und Stille erleben

Nehmen Sie sich am Abend ein paar Minuten Zeit und setzen Sie sich gemeinsam auf das Sofa oder auf Ihre „Winterwiese". Wenn jeder schön gemütlich sitzt, sagen Sie Ihrem Kind, Ihren Kindern mit leiser, freundlicher Stimme, daß Sie nun für eine kurze Weile das Licht ausschalten werden, sich aber gleich wieder dazusetzen, um miteinander zu erleben, wie dunkel der Abend ist.

- Wenn auch durch die Fenster kein künstliches Licht hereindringt, wird zunächst im Zimmer nichts mehr zu sehen sein. Alle rücken näher zusammen, denn etwas unheimlich wird es Kindern schon dabei.

Fassen Sie sich an, oder nehmen Sie Ihr Kind auf den Schoß. Kinder lieben diesen Körperkontakt, und er vermittelt ihnen Sicherheit und Geborgenheit.

- Nach und nach gewöhnen sich die Augen an das Dunkel, hier und da werden in dem vertrauten Raum wieder Gegenstände erkennbar sein.

Leise, im Flüsterton fragen Sie: „Können wir in diesem Dunkel noch etwas sehen? – Oder hören?“ Viel intensiver als bei Helligkeit wird man Geräusche wahrnehmen: Was genau ist da zu hören, und woher kommen die Geräusche?

- Erzählen Sie, wann und wo Sie schon einmal Dunkelheit erlebt haben, als Kind oder als Erwachsener, und wie Sie sich dabei gefühlt haben. Sicher werden dann auch Kinder von sich berichten.
- Ein Abendlied oder ein ruhiges Weihnachtslied ist ein schöner Abschluß dieses kurzen, aber sicher beeindruckenden Erlebnisses – auch, wenn Sie meinen, gar nicht singen zu können! Auf den Klang der Stimme kommt es Kindern hier nicht an, sondern vielmehr auf die Atmosphäre, das gemeinsame Erleben und den harmonischen Abschluß des Tages. Oder summen Sie ganz einfach, auch das wirkt beruhigend.

Hier einige bekannte Abendlieder: Guter Mond, du gehst so stille; Nun wollen wir singen das Abendlied; O du stille Zeit; Wer hat die schönsten Schäfchen; Weißt du, wieviel Sternlein stehen; Nun ruhen alle Wälder. Oder Sie singen ein ruhiges Weihnachtslied wie etwa: Still, still, still, weil´s Kindlein schlafen will; Stille Nacht, heilige Nacht; Es wird schon gleich dunkel; Bald nun ist Weihnachtszeit.

Schöne dunkle Abende

Wiederholen Sie solche dunklen Abende im Advent. Sie können sie immer ein wenig anders gestalten: eine Kerze anzünden, eine Lichterspirale bauen, Licht von außen in den Raum fallen lassen, eine Weihnachtsgeschichte erzählen …

Leise wie das Licht: kleine Kerzen-Meditation

Ein Abend oder ein trüber Nachmittag im Advent ist die richtige Zeit für eine kleine Kerzenmeditation. Meditation meint hier einfach: Ganz bewußt den Augenblick wahrnehmen, nur die Kerze betrachten und den Raum um sich herum vergessen. Dabei kann man wunderbar entspannen und Ruhe in sich spüren. Vorzubereiten ist nur wenig.

Wenn noch Licht durch die Fenster scheint, ziehen Sie die Vorhänge zu. Legen Sie für jeden ein Kissen auf den Boden. In die Mitte kommt eine Stumpenkerze, mit einem Tannenzweig und ein paar Nüssen geschmückt. Streichhölzer nicht vergessen. Die Kerze kann auch auf dem Tisch stehen, Sitzplätze drumherum. Das ist auch schon alles. Sie können diese Vorbereitungen allein treffen und die anderen damit überraschen. Oder die Kinder schauen während der Vorbereitung, die Sie nicht kommentieren, zu. Auch das macht aufmerksam und neugierig.

Dann löschen Sie das Licht, lassen jedoch die Tür noch einen Spalt geöffnet, damit jeder seinen Platz im düsteren Raum finden kann. Wenn die Augen sich an die Dunkelheit gewöhnt haben, schließen Sie die Tür und setzen sich auch.

Mit ruhiger, leiser Stimme erzählen Sie, wie es früher war, wenn Menschen bei Dämmerung und Dunkelheit in ihrer Wohnstube saßen. Natürlich wollten sie im Winter nicht schon, wenn es dunkel wurde, ins Bett gehen, sondern lieber noch ein wenig zusammensitzen. Sie machten mit einer Kerze oder einer kleinen Öllampe Licht im Raum. – „Das wollen wir jetzt auch einmal tun“, können Sie sagen und zünden dann mit einem Streichholz die Kerze an.

Normalerweise zündet man Kerzen ja an, solange noch Licht ist. Im dunklen Raum jedoch ist der Effekt viel stärker. Schon die kleine Streichholzflamme bringt für einen kurzen Augenblick Licht. Schauen Sie selbst nun aufmerksam auf die Kerze, dann werden es auch die Kinder tun.

Erzählen Sie mit leisen Worten, was Sie sehen, und geben Sie so den Kindern die Möglichkeit, zu sagen, was sie im Flammenlicht entdecken: Es sieht aus, als würde sich die Flamme am Docht festhalten, und nach und nach wird ganz nahe am Docht auch das Wachs flüssig ... Gemeinsam können Sie beschreiben, welche Farben und Formen die Flamme hat und wie sie sich bei jedem Atemhauch verändert: Mal ist die Flamme in Bewegung, mal zieht sie sich zusammen, oder sie scheint lang und spitz. Wer seine Hände vorsichtig um die kleine Flamme legt, spürt, welche Wärme von ihr ausgeht.

Sie werden erleben, wie Kerzenschimmer in der Dunkelheit nicht nur Licht, sondern auch Ruhe bringt. Spüren Sie dieser Ruhe gemeinsam nach: Schauen Sie schweigend ins Licht, kuscheln Sie sich aneinander, oder flüstern Sie sich Ihre Gedanken zu.

Wenn auch die Kinder ihre Ruhe gefunden haben, könnten Sie die Geschichte „Ein heller Stern in dunkler Nacht“ erzählen (Seite 70). Das Kerzenlicht wird ausreichend Licht spenden.

Danach öffnen Sie die Zimmertür, so daß etwas Licht hereinfällt und die Augen sich wieder langsam an Helligkeit gewöhnen können. Dann löschen Sie die Kerze, öffnen die Vorhänge oder knipsen die Zimmerlampe wieder an.

Kinder können ihr Lichtererlebnis oder die Geschichte nun noch malen, um den Tag in Ruhe ausklingen zu lassen.

Kleine Kerzenlicht-Meditationen können Sie des öfteren im Advent wiederholen – ob mit oder ohne Geschichte.

Sternenspucker-Wunderkerzen: ein Erlebnis, das alle Kinder beruhigt

Im Anschluß an eine kleine Lichter-Meditation können Sie auch eine Wunderkerze an der Kerzenflamme anzünden: zum Beispiel als Besonderheit an einem Adventssonntag oder wenn Kinder doch noch etwas unruhig sind. Eine einzelne Wunderkerze nur! Und dann gemeinsam beobachten, wieviel Sterne der dünne Stab hervorspuckt – wir können ihn deshalb auch Sternenspucker nennen.

Wenn das Sternenwunder vorüber und das Licht an ist, bietet es sich wiederum an, Kinder zum Malen dieses Erlebnisses aufzufordern.

Apfellicht und Kerzen mit Duft

Zu einer Kerzenlicht-Meditation können Sie auch ein Apfellicht aufstellen: Sie benötigen lediglich einen großen, roten, blankpolierten Apfel und eine Christbaumkerze, die in die alte Blüte gesteckt wird. Kinder können den Apfel noch mit ein paar Gewürz-Nelken ausschmücken.

Schönes Licht und feinen Duft zugleich verbreiten selbstgemachte Orangenkerzen: Seite 78.

Ein heller Stern in dunkler Nacht

eine Adventsgeschichte für Dämmerlicht oder Kerzenschein. Oder für einen Sonntagabend am Adventskranz.

Vor langer, langer Zeit, als die Menschen noch kein elektrisches Licht kannten, leuchtete in den Häusern am Abend nur eine Laterne oder eine kleine Flamme im Öllämpchen. Die Nächte waren so dunkel, daß man draußen weder Stall noch Weg sehen konnte. Und Stille herrschte weit und breit. Nur ab und zu hörte man das Rufen einiger Tiere, die des Nachts auf der Jagd waren.

In jener Zeit hatten einige Männer die Aufgabe, die Schafe der Stadt draußen auf dem Feld zu weiden und zu hüten. Sie schliefen bei ihren Schafen unter dem freien Himmel. Über ihnen funkelten unzählig viele Sterne. In manchen Nächten, wenn der gute alte Mond voll und rund war, leuchtete er ihnen wie eine Laterne.

In dieser einen Nacht jedoch, von der ich erzählen will, war der Mond nur eine ganz schmale Sichel. Die Nacht war so dunkel und finster, daß die Hirten nicht einmal die kleinen braunen und schwarzen Schafe und Lämmer in der Herde sehen konnten. Doch sie wußten, daß die Herde vollzählig war, und so legten sie sich beruhigt nieder und schliefen.

Auf einmal aber war ein Rauschen in der Luft, und es wurde hell, so hell mitten in der Nacht, als stünde die Mittagsonne am Himmel. Die Hirten erschraken, rückten näher zusammen und lauschten. Da hörten sie eine liebliche Stimme, die zu ihnen sprach: „Habt keine Angst. Hört nur, welch frohe Nachricht ich euch bringe: Heute nacht ist in einem Stall ein Kind geboren. Freut euch, denn es ist Gottes Sohn, auf den ihr so lange gewartet habt. Ein heller Stern wird euch den Weg zu dem Stall zeigen."

Dann war es wieder still und dunkel auf dem Feld da draußen bei den Hirten. Sie blickten sich erstaunt an. Keiner sagte ein Wort. Sie schauten zum Himmel. Hell und klar, glitzernd und strahlend leuchteten dort oben tausend und abertausend Sterne. Und unten, nicht weit von ihnen entfernt, erstrahlte in hellem Glanz ein besonders großer Stern. Sie gingen auf ihn zu. Er stand genau über ihrem Stall. Leise und vorsichtig öffneten sie die Tür, traten ein, und voller Freude sahen sie das Kind.

Niemals sollten die Hirten diese Nacht und das Kind vergessen. Und sie berichteten jedem, den sie sahen, was sie erlebt hatten in dieser dunklen Nacht.

Noch heute erzählen sich die Menschen diese Geschichte und feiern nach dem letzten Adventsabend die Heilige Nacht.

Langsam und leise

Geschichten wie diese haben eine besonders eindrucksvolle und beruhigende Wirkung auf die Zuhörer, wenn sie langsam, ruhig und leise erzählt werden. Und Kerzenschein schafft schönste Weihnachtsstimmung.

Licht-und-Schatten-Reise

Welche Wirkung Licht haben kann, wie es Schatten, Glanz und Wärme weckt, können gerade Kinder ganz intensiv bei einer Licht-und-Schatten-Reise erleben.

Am Abend, wenn es im Zimmer schon dunkel ist, kommt eine brennende Kerze auf den freien Fußboden oder den Tisch. Jeder sucht sich eine kleine Figur aus, die er in einigem Abstand vom Licht aufstellt, um sie dann langsam zu ihm hin zu führen. Das kann eine Krippenfigur, aber auch ein Tier oder Männchen aus der Spielzeugkiste sein. Alles geht leise vonstatten. Wenn Kinder etwas unruhig sind, können Sie sagen: „Horcht, nichts ist vom Licht zu hören. So leise, wie die Kerze brennt, so leise wollen wir auch unsere Figuren zum Licht führen und nur flüstern. Wer mag, kann erzählen, was es dabei zu beobachten und zu erleben gibt."

Solch ein „Spaziergang zum Licht" ist ein kleines, besonderes Erlebnis, das sich hier nur andeutungsweise beschreiben läßt, die Stimmung und den Zauber des Lichtes muß jeder selbst erfahren: Zunächst stehen die Figuren im Halbdunkel, sind kaum erkennbar. Auch die Farben sind trübe. Je mehr sich die Figuren der Kerze nähern, desto besser sind sie zu sehen. Die Farben beginnen zu leuchten. Und hinter den Figuren werden die Schatten deutlich sichtbar. Ganz in der Nähe der Kerze ist dann auch die Wärme zu spüren, die von der Flamme ausgeht. Wer seine Figur hinter eine andere stellt, steht wieder im Schatten ...

Und was geschieht, wenn man sich in der Nähe des Lichtes gegenseitig anschaut? Ist da nicht in den Augen des anderen das Kerzenlicht zu sehen?

Was geschieht mit dem Raum, wenn sich alle ganz eng um das Licht herum plazieren?

Diese und andere Fragen und Erlebnisse werden Kinder haben, wenn sie in Ruhe mit ihren Figuren um das Kerzenlicht spazieren.

Und dort, wo sich das kleine Schaf, der Hirte, das kleine bunte Plastikmännchen am wohlsten fühlen, dort beenden sie die „Licht-und-Schatten-Reise", die vielleicht am nächsten oder übernächsten Tag weitergeht.

Alle Jahre wieder: In Ruh

Der Zauber einer besonderen Zeit

Advent und Weihnachtszeit – den Zauber, der in diesen Worten anklingt, möchten wir jedes Jahr von neuem erleben. Dazu gehört es, daß wir ihn zu Hause mit allen Sinnen spüren: zum Beispiel, wenn es nach Zimt und Orangen duftet, wenn uns Kerzen, rote Äpfel und goldene Bänder entgegen leuchten, wenn uns kleine Köstlichkeiten aus Marzipan und Schokolade auf der Zunge zergehen, wenn wir Schmuck für den Raum und den Christbaum oder kleine Geschenke basteln – und wenn Wünsche geflüstert werden.

Besonders intensiv können Erwachsene und vor allem auch Kinder den Zauber der Weihnachtszeit an den „großen" Tagen im Advent erfahren: am Nikolaustag und an den Sonntagen. Zugleich bereiten uns diese Tage auf das Weihnachtsfest vor und stimmen uns ein – alle Jahre wieder.

Das letzte Kapitel gibt Ihnen hierzu einige Anregungen. Bei alldem gilt wieder: weniger ist mehr. Wählen Sie aus, was Ihnen Freude bereitet, um sich in Ruhe auf das Weihnachtsfest einzustimmen, und genießen Sie diese Zeit mit Ihrer Familie.

Weihnachtsstimmung zaubern

Köstlichkeiten - schnell gezaubert

Viele von uns haben weder Zeit noch Lust, was große Backaktionen im Advent angeht. Dennoch können wir mit Kindern kleine Köstlichkeiten zubereiten und diese an den Adventssonntagen oder an Weihnachten „naschen" oder Großeltern, Freunden und Bekannten als persönliches Geschenk überreichen. Wählen Sie nur das eine oder andere aus, und genießen Sie gemeinsam mit allen Sinnen, was da unter den Händen entsteht.

Feinste Schokokugeln, aus Frischkäse geformt

Zutaten: 100 g Frischkäse, 100 g fein gehackte oder gemahlene Mandeln, 1 Löffel Puderzucker (oder etwas mehr), 1 Eßlöffel Kakaopulver, 1 Packung Schokostreusel.

Wenn jeder vom noch säuerlichen Frischkäse, den süßen Mandeln und dem Kakaopulver gekostet hat, werden die Zutaten in einer Schüssel gut vermengt. Kindern macht es besondere Freude, den Puderzucker dann ganz spielerisch als feinen Schnee durch ein Sieb zu streichen.

Aus dem leckeren Schokoladenteig werden kleine Kugeln geformt. Von Kinder verlangt dies etwas Geschicklichkeit und Konzentration. Je kühler die Masse, desto leichter lassen sich die Kugeln formen.

Zum Schluß werden sie in einem Teller mit Schokostreuseln gerollt. Die Kugeln nun kühl aufbewahren.

In Pralinenmanschetten sehen sie übrigens besonders dekorativ aus.

Gefüllte Datteln

Früher durften Datteln auf keinem Weihnachtsteller fehlen. Heute sind sie gerade Kindern fast unbekannt. Hier ein altes Rezept.

Zutaten: 1 Packung Datteln, 200 g abgezogene, sehr fein gemahlene Mandeln, 7 Eßlöffel flüssiger Honig.

Verbergen Sie das Honigglas doch vorerst unter einem Tuch. Wenn es geöffnet wird, kann Ihr Kind mit geschlossenen Augen den Duft erraten. Selbstverständlich wird der Honig gekostet, bevor er und die Mandeln mit Hilfe einer Gabel vermengt werden. Die Masse mit nassen Händen zu einer Kugel formen und etwa 20 Minuten in den Kühlschrank legen.

In der Zwischenzeit werden die Datteln beschnuppert, betrachtet, befühlt, dann in Längsrichtung aufgeschnitten. Jetzt kann man den Kern entdecken, der schon vorher zu spüren war. Die Kerne werden entfernt, gewaschen und aufbewahrt, denn damit lassen sich später Muster legen.

In jeden Dattelschlitz kommt etwas von dem Mandelteig, der fast wie Marzipan schmeckt. Die gefüllten Datteln können einzeln in Zellophanpapier eingewickelt oder in Pralinenmanschetten gelegt werden.

Früchtezwerge

Zwetschgenmännlein und -weiblein wurden früher vielerorts auf Weihnachtsmärkten verkauft. Solche bunten Früchtezwerge lassen sich auch auf ganz einfache Weise anfertigen, so daß Kinder ihren Spaß daran haben.

Dazu eignen sich Rosinen und Feigen, gedörrte Zwetschgen und Birnen, Aprikosen und Apfelringe. Verbunden werden die einzelnen Teile mit Zahnstochern. Doch bevor es ans Bauen geht, heißt es: „Wer kennt die Frucht?“, denn in getrocknetem Zustand sehen Birnen, Zwetschgen, Aprikosen ganz anders aus. Und wer erkennt die Früchte gar mit geschlossenen Augen an ihrem Geschmack?

Zwischen ein paar Tannenzweigen schmücken die Früchtezwerge dann den Adventstisch oder Weihnachtstisch und können später vernascht werden.

Weihnachtsduft und Weihnachtsschmuck

Liegt Weihnachtsduft in der Luft, kommt auch ein Hauch von Weihnachtsstimmung auf.
Solche Düfte lassen sich leicht herbeizaubern, und weihnachtlicher Raumschmuck sind sie zugleich. Doch bereits das Herstellen spricht alle Sinne an.

Orangenkerzen mit Duft

Im Advent, wenn Kerzenlicht eine so große Rolle spielt, ist es gerade für Kinder ein schönes Erlebnis, einmal selber Kerzen herzustellen, insbesondere Kerzen mit Duft. Sie eignen sich bestens für kleine Lichtmeditationen (Seite 68 bis 71), als Schmuck für Tisch und Fensterbank und als Geschenk.

Material: Kerzenreste oder Wachsgranulate, Orangen- oder Rosenöl, halbe Orangenschalen, Kerzendocht, Gewürznelkenstifte.

- Geben Sie Wachs in eine Konservendose, und erwärmen Sie es im Wasserbad auf dem Herd. Wenn es flüssig wird, nehmen Sie den Topf vom Herd, geben ein paar Tropfen Orangen- oder Rosenöl hinzu und gießen es vorsichtig in die halben Orangenschalen.
- Den Kerzendocht kurz in das restliche flüssige Wachs tauchen, herausziehen und gespannt halten, bis das Wachs daran fest wird. Das Halten können gut Kinder übernehmen.
- Wenn das Wachs in den Orangenschalen fast erkaltet ist, bohren Sie mit einem Zahnstocher ein Loch in die Mitte und führen den steifen Docht ein. Damit er fest sitzt, bei Bedarf etwas flüssiges Wachs nachgießen.
- Kinder können die Duftkerze noch mit kleinen Orangenschalenstückchen, mit Nelken und anderen Gewürzen schmücken.

Orangenscheiben und Sternanis

Material: Apfelsinen und Zitronen, Sternanis, Goldbouillondraht, Goldfaden.

- Schneiden Sie die Apfelsinen und Zitronen in 1/2 cm dicke Scheiben. Lassen Sie diese bei 70°C (Umluft 50°C) im leicht geöffneten Backofen etwa fünf Stunden trocknen, bis das Fruchtfleisch nicht mehr klebrig ist.
- Auf eine Orangenscheibe kommt eine kleinere Zitronenscheibe und darauf Sternanis. Dies kön-

nen gut Kinder machen. Umwickeln Sie das Ganze sternförmig mit Goldbouillondraht. Eventuell zum Aufhängen Goldkordel durch den Rand der Früchte ziehen.

Zimtpäckchen

Material: Zimtstangen, Goldkordel oder -bouillondraht o.ä.

Kinderleicht sind feinduftende Zimtpäckchen herzustellen – als Schmuck für den Adventskranz oder den Weihnachtsbaum: Je drei Zimtstangen in der Mitte fest mit Kordel oder Draht umwickeln. Eventuell die Enden zu einer Schlaufe binden.
Wer genau hinschaut, entdeckt, daß Zimtstangen nicht einfach nur rund sind, sondern zweiseitig nach innen gerollt. Erkennen die Kinder die Stangen an ihrem Duft? Geben Sie ihnen zum Vergleich auch etwas Zimtpulver. Und bei nächster Gelegenheit gibt es zum Apfelkompott oder Bratapfel Zucker und Zimt.

Zimt – verborgener Schatz

Zimt ist eines der ältesten Gewürze der Welt. Seine Herkunft wurde lange als Geheimnis gehütet und machte den Zimt noch kostbarer als den sehr teuren Pfeffer. Jahrhundertelang konnten sich nur Könige den Luxus einer Zimtstange leisten. Heute wissen wir, woher die duftenden Stangen kommen: von Zimtbäumen aus dem tropischen Sri Lanka. Die gesamten Bäume, die bis zu zehn Meter hoch werden, duften. Ihre Blätter und Blüten liefern ein wohlriechendes Öl. Doch der wahre Schatz liegt unter der Rinde verborgen, denn die hauchdünne Innenrinde liefert die hocharomatischen Zimtstangen.

Sternanis – Wohlgeruch

Sternanis kommt von der chinesisch-vietnamesischen Grenze zu uns, wo er noch unreif von Anisbäumen geerntet und dann getrocknet wird. Die chinesischen Schriftzeichen für Sternanis bedeuten soviel wie „die Pflanze, die Wohlgeruch zurückkehren läßt“, und das kann jeder, der guten Sternanis am Kräuterstand kauft, auch bestätigen.
Sternanis nimmt man bei uns gerne für Glühwein und Lebkuchen, vielerorts auch für Apfel- und Birnenkompott. In der chinesischen Küche würzt er Soßen und Suppen.

Wünsche, die Weihnachtsfreude wecken

Erinnern Sie sich noch an Ihre Wunschzettel im Advent und die Briefe an das Christkind? Heute ist es fast aus der Mode gekommen. Doch Wünsche haben Kinder natürlich immer noch, und bunte Schaufenster und Prospekte wecken täglich neue Weihnachtswünsche.

Nehmen Sie die Gelegenheit im Advent wahr, setzen Sie sich mit Ihrer Familie zusammen, um über Wünsche zu sprechen und nachzudenken. Dabei wird jeder für sich bemerken, daß es Wünsche ganz unterschiedlicher Art gibt. Hier werden Wünsche laut, über die zuvor keiner gesprochen hat, vielleicht auch Sehnsüchte der Kinder, Ihres Partners oder Ihrer Partnerin, von denen Sie nie etwas ahnten. Kinder werden zudem begreifen, daß an Weihnachten nicht alle Wünsche in Erfüllung gehen, doch daß es besonders an diesen Tagen schön ist, einander Freude zu schenken.

Ein besonderer Wunschzettel

Wunschzettel regen Kinder wie Eltern an, über die eigenen Wünsche und die der anderen nachzudenken. Daher mein Vorschlag: Richten Sie einen oder mehrere Wunschtage oder auch eine Wunschwoche ein: Beim Sonntagstee oder beim Abendessen erzählen Sie zunächst, wie das früher mit den Wunschzetteln war. Dann überlegen alle, was sie sich wünschen. Jeder Wunsch wird mit einem Goldstift auf ein schönes Briefpapier oder ein Malblatt notiert – jeder Wunsch, erscheint er auch noch so verrückt und unerfüllbar.

Nehmen Sie alle Wünsche ernst, ohne sie zu bewerten!

Und selbstverständlich tragen Sie auch Ihre Wünsche vor.

Die Wünsche der Eltern

In einer Wunschzettel-Runde können Sie erzählen, welche Wünsche Sie als Kind hatten, welche sich erfüllt haben und welche nicht. Verraten Sie auch, was Sie sich jetzt wünschen, denn Kinder, besonders jüngere, glauben oft, daß Eltern sich alles kaufen können und deshalb wunschlos sind. Nennen Sie Wünsche, die nicht mit Geld zu erfüllen sind, wie etwa:

- ein ungestörter oder kinderfreier Feierabend,
- Hilfe bei der Hausarbeit (wobei genau),
- ein Wohnzimmer ohne herumliegenden Kinderkram,
- ein Lob für ein Essen,

- ein freundliches Wort beim Nachhausekommen,
- ein fernsehfreier Abend in der Woche ...

Geben Sie Ihrer Familie die Chance, über Ihre Wünsche und deren Erfüllung nachzudenken, und verwerfen Sie Lösungsvorschläge nicht gleich. Reden Sie über unterschiedliche Auffassungen.

Botschaften, die aus dem Herzen kommen

Nicht immer, wenn Kinder Wünsche nennen – ob es nun das eigene Pferd, die große Reise oder die langen Haare sind –, erhoffen sie sich deren direkte Erfüllung: Manchmal beinhalten Wünsche Botschaften, die Kindern gar nicht richtig bewußt sind. So kann sich hinter dem Wunsch eines Mädchens nach langen Haaren die Botschaft verbergen: „Laß mir auch mal meinen eigenen Willen, laß mich meinen Geschmack austesten." Und der Wunsch nach einer großen Reise mag sich bereits erfüllen, wenn sich Eltern in den Ferien tatsächlich einmal Zeit für das Kind nehmen, mit ihm Ball spielen, radfahren, einen Bach überqueren, im Garten ein Zelt aufschlagen und hier gemeinsam übernachten ...

Verbirgt sich hinter dem Wunsch einer Mutter nach „Mithilfe im Haushalt" nicht auch vor allem, daß sie sich mehr freie Zeit für persönliche Interessen und Anerkennung ihrer Arbeit wünscht?

So klingt in manchen Wünschen von Kindern wie Eltern der Ruf mit: Beachte mich etwas mehr. Schenke mir Zeit, Liebe und Zärtlichkeit, Aufmerksamkeit und Achtung.

Wunsch oder Traum?

Kinder können in Wunschzettel-Runden ganz neue Gedanken und Erkenntnisse haben. Erfahren sollten sie: wünschen darf man sich alles! Was in Erfüllung geht, weiß niemand genau. Und sie werden erkennen: da gibt es Wünsche, die sich leicht mit Geld erfüllen lassen, aber auch andere Wünsche:

- die nicht mit Geld zu erfüllen sind (lange Haare, mit den Eltern in einem Bett schlafen, mit Papa oder Mama mehr spielen ...);

- die immer ein Wunsch, ein Traum bleiben werden (eine Insel im Meer, eine große Schwester ...);
- die viel Zeit, vielleicht sogar Jahre brauchen, bis sie in Erfüllung gehen (ein eigenes Zimmer, erwachsen sein, Auto fahren, gesund werden ...);
- die eine Veränderung oder viel Einsatz erfordern (eine renovierte Wohnung, ein besseres Zeugnis, ein Haustier, Zeit für ein Hobby ...);
- die nur andere sich erfüllen können (ein eigener Hund, ein Puppenhaus, ein Papa, der immer zu Hause ist, eine Flugreise, eine Putzhilfe ...).

Alle Jahre wieder

Eine Wunschzettel-Runde kann zu einer schönen Erinnerung werden und in den nächsten Jahren fester Bestandteil der Adventszeit sein. Denn Wünsche gibt es ja immerzu ...

Der Baum der bunten Wünsche
eine Phantasiereise für Kinder

Wenn Sie mit Ihrem Kind über Wünsche ins Gespräch gekommen sind, können Sie zur Entspannung und Gedankenanregung miteinander auf Phantasiereise gehen (Seite 26/27).

Lege dich auf deine Winterwiese, und mache es dir gemütlich.
Wenn du ganz bequem liegst, schließe deine Augen, und lasse deine Beine und Arme ganz locker, entspannt liegen.
Atme ruhig aus und ein, aus und ein ...
Stelle dir vor, du liegst im Schatten eines riesigen Baumes.
Über dir hörst du die Blätter rauschen.
Auf deiner Haut spürst du einen leichten warmen Windhauch.
Er streicht dir über die Beine, über die Arme und den Bauch.
Ganz zart spürst du die warme Luft auf deinem Gesicht und in deinem Haar.
Du fühlst dich wohl hier unter den Ästen des großen, starken Baumes.
Und während du hier liegst und dich von der warmen Luft streicheln läßt, hörst du eine zarte, freundliche Stimme über dir.
„Hallo! Schön, daß du da bist!"
Du schaust in den Baum über dir und entdeckst eine winzige Fee. Sie trägt ein Kleid, das so zart und so weiß ist wie eine Schneeflocke.
Je länger du in das Blattwerk des Baumes schaust, desto mehr Farben erkennst du. Rot und Orange, Gelb und Grün, Blau und Violett. Es sind die Kleider von sechs anderen kleinen Feen.
Jede Fee trägt ein glänzendes Band bei sich.
Die erste Fee im weißen Kleid schwebt zu dir herunter und sagt: „Jede von uns hat für dich ein Geschenk. Ich schenke dir Freundlichkeit." Und sie gibt dir ihr weißglänzendes Band.
Da kommt auch schon die zweite Fee im rotschimmernden Kleid, überreicht ihr rotes Band und sagt: „Ich schenke dir Hilfsbereitschaft und Liebe."
Die dritte Fee schwebt mit einem grünen Band zu dir: „Nimm dieses Band, es schenkt dir Heiterkeit und Lebensfreude!"
Und schon steht da aufrecht und stark die vierte Fee im blauen Kleid. „Hier ist mein Geschenk: Stärke und Kraft, damit du alles, was du gern tun

möchtest, schaffst.“ Und während sie dich freundlich anschaut, kommt die fünfte Fee im sonnengelben Kleid: „Ich schenke dir Gesundheit“, flüstert sie, und du spürst du, wie sie ihr goldgelbes Band ganz zart auf deinen Bauch legt.
Die sechste Fee im violetten Kleid springt genau in deine Hand: „Hier mein Band voll guter Ideen“, hörst du sie sagen.
Du schaust in den Baum und entdeckst noch eine kleine Fee. Ihr orangefarbenes Kleid schimmert hell und warm. Langsam und sanft fliegt sie an ihrem Band hinunter. „Ich schenke dir schöne Träume“, sagt die siebte Fee, und du spürst, wie das orangefarbene Band dich ein wenig kitzelt.
Du lachst und freust dich über das angenehme Gefühl.
Nun stehen alle sieben Feen bei dir und schauen dich freundlich an. Du lächelst zurück und spürst, wie ihre Wünsche dich froh und glücklich machen. Das Bündel bunter Bänder mit Freundlichkeit, Hilfsbereitschaft und Liebe, Heiterkeit und Lebensfreude, Stärke und Kraft, Gesundheit, guten Ideen und schönen Träumen hältst du fest in deiner Hand.

Wie im Traum siehst du alles noch einmal ...

(Nach einer kleinen Erzählpause das Kind wieder auf die Winterwiese „zurückholen“.)

Langsam erwachst du aus deinen Träumen.
Du atmest ruhig aus und ein, aus und ein.
Du fühlst dich ausgeruht, ruhig und zufrieden.
Die Geschenke der Feen trägst du tief in dir, und sie begleiten dich, wohin du auch gehst.

Was ich mir wünsche

Ich wünsche mir
Ruhe und Zeit,
eine kleine Ewigkeit,
die nur mir gehört,
die mir erlaubt,
auszuruhn,
zu entspannen,
einfach nichts zu tun.

Ich wünsche mir
Gedanken,
um zu verstehen,
was in mir vorgeht.
Ideen,
die mir neue Wege zeigen,
wenn ich in einer Sackgasse bin
und nicht mehr weiter weiß.

Ich wünsche mir von dir
einen freundlichen Blick,
ein Lachen,
eine warme Hand,
die mir zärtlich
über den Kopf streicht,
wenn ich dich brauche.

Ich wünsche mir, so zu sein,
wie ich bin:
mal ratlos und unvollkommen,
mal mutig und ausgelassen;
das zu tun,
was mir Freude macht,
und für mich da zu sein.

Ich wünsche mir,
Ich selbst zu sein.

Besondere Tage im Advent

So wie wir Zeit benötigen, um ein gutes Essen zuzubereiten, so wie die Instrumente eines Orchesters vor einem Konzert gestimmt werden, so sollten wir auch jedes Fest vorbereiten, um uns darauf einzustimmen.
Insbesondere für Kinder ist dies sehr wichtig. Viele Angebote folgen einfach zu schnell aufeinander, so daß Kinder sich nicht darauf einstellen und sie nicht wirklich intensiv erleben können.
Gut, daß die Adventszeit vier Wochen dauert! Gönnen Sie sich und Ihrer Familie vor allem an den besonderen Tagen – an den Sonntagen, an Nikolaus und am 24. Dezember – die Zeit und die Muße, um sich gemeinsam auf das Weihnachtsfest einzustimmen.

Die vier Adventssonntage

Sonntagmorgen im Advent:
Die erste Kerze brennt

Der Adventskranz erwartet uns bereits am ersten Sonntag im Advent. Nun wird die erste Kerze brennen. Ein ganz besonderer Augenblick, der zu einem schönen Ritual werden kann, wenn sich alle beim Sonntagsfrühstück versammeln, um die erste Kerze anzuzünden.

Wem es gefällt, der führt einen kleinen Spruch ein. Immer, wenn die Kerze am Adventskranz brennen soll, wird er aufgesagt. Er könnte etwa so lauten:

Wir zünden eine Kerze an,
damit ein jeder sehen kann:
In unserm Hause ist Advent!
Schaut, die erste Kerze brennt.

Nach dem Frühstück können Sie gemeinsam einen Gottesdienst besuchen; gerade im Advent gibt es oft Familien- oder Kindergottesdienste. Beim gemeinsamen Singen, beim Orgelklang und den Worten der Predigt oder beim Anblick der Bilder in der Kirche spüren viele Menschen, besonders auch Kinder, Ruhe in sich.
Der Gottesdienstbesuch an den Adventssonntagen kann ebenfalls zum Ritual werden und auf das Weihnachtsfest vorbereiten. Gerade für Familien, die unter dem Jahr nur selten oder nie in die Kirche gehen, sind diese Sonntage eine schöne Gelegenheit, Kinder ein wenig mit der Kirche vertraut zu machen.

Am Nachmittag

Wie Sie die Sonntagnachmittage gestalten, hängt sehr von Ihren familiären Gegebenheiten ab. Ein Spaziergang in der freien Natur oder im Stadtgarten ist sicher immer ein Erlebnis, vor allem, wenn Sie hier Gelegenheiten suchen, Besonderes zu entdecken: ein Stein, eine Wurzel,

ein Baum, eine Figur oder etwas anderes, an dem man im Alltag sicher achtlos vorbeigegangen wäre und dem Sie nun Beachtung schenken (Seite 48 bis 51). Jeder kann etwas Schönes suchen, vielleicht suchen auch alle die gleichen Dinge, etwa kleine Zapfen für den Krippenweg oder den Adventskranz, als Material zum Basteln oder als Tischschmuck für den Nachmittag.
Wer in der Woche wenig Zeit und Ruhe zum Basteln hat, wird vielleicht auch gern mit den Kindern kleine Geschenke gestalten: einen Fensterstern aus Gold- oder Transparentpapier, eine Kerze aus Bienenwachswaben, eine Apfelkerze oder Orangenkerzen mit Duft, Schmuck für den Weihnachtsbaum – oder auch süße Köstlichkeiten. Ebenso können andere Anregungen aus diesem Band die Sonntage bereichern.

Der Sonntag klingt aus

Schön, wenn man den Sonntag gemeinsam in immer der gleichen Form ausklingen läßt: Die Familie versammelt sich um den Adventskranz, beim Anzünden der Kerzen wird das kleine Gedicht gesprochen, dann hört man im Kerzenschein eine Geschichte oder ein Musikstück. Gewiß finden Sie das Passende für Ihre Familie, alle Jahre wieder können Sie sich daran orientieren und hier Stille entdecken.

Der Adventskranz – ein junger, schöner Brauch

Schon in vorchristlicher Zeit spielten Kränze eine bedeutende Rolle: Grüne Kränze und Strohkränze, so glaubte man, brächten Segen und wehrten Unheil ab von allem, was grünen und Frucht bringen sollte. Um solche Kränze wurden Bänder in Gold und Rot gewunden, den Farben des Lichts und des Lebens. Auch heute noch ist die Ringform Zeichen für die Ewigkeit, für die Sonne und den Erdkreis.
Den ersten Adventskranz baute der evangelische Theologe J. H. Wichern um 1850 in Hamburg für seine Schützlinge im Erziehungsheim. Es war ein großer Holzkranz, auf dem jeden Tag eine Kerze mehr angezündet wurde. Die Sonntage waren durch vier größere Kerzen markiert. Später wurde der Kerzenkranz mit Grün geschmückt. Aus diesem Brauch entwickelte sich der Adventskranz mit den vier Lichtern – zunächst nur in protestantischen Familien, in den zwanziger Jahren in ländlichen Gegenden, heute kennt man ihn überall.

Erst eins, dann zwei ...

Für Kinder bietet der Adventskranz eine schöne Orientierung, denn für sie ist der Advent unvorstellbar lang. Zünden Sie deshalb in der ersten Woche tatsächlich immer ein und dieselbe Kerze an, entsprechend in der zweiten und dritten Woche zusätzlich die nächste Kerze. An den Dochten, die noch nicht angezündet sind, sehen auch kleinere Kinder, daß weitere Sonntage folgen, bis dann Weihnachten ist.

Der Nikolaustag

Nikolaus, ein Freund der Kinder

Er ist die Hauptperson der ersten Adventswochen: der heilige Nikolaus. Bis zum Nikolaustag am 6. Dezember bleibt genügend Zeit, um Kinder vorzubereiten. So können Sie immer wieder einmal das alte Nikolauslied „Laßt uns froh und munter sein …“ singen oder eine Nikolauslegende vorlesen. Am besten eignen sich hier Bücher ohne Nikolausabbildung, dann können Kinder ihre Phantasie spielen lassen. – Natürlich sollte der Heilige bei alldem als Freund der Kinder dargestellt und nicht als „Erziehungshelfer“ eingesetzt werden.

Während der heilige Nikolaus früher nur in katholischen Gegenden gefeiert wurde, ist die Nikolausfigur heute so volkstümlich, daß sie selbst in Vereinen und Kaufhäusern ihre Auftritte hat – leider, denn von ihrem „Zauber“ geht dadurch viel verloren. Zugleich ist aus dem menschenfreundlichen Bischof von Myra mit Bischofsgewand und Mitra (Bischofsmütze) ein Weihnachtsmann mit pelzbesetzter Kapuze geworden.

Wer seinem Kind von dem eigentlichen Zauber etwas vermitteln will, der verzichtet auf die teils recht kitschigen Begegnungen allerorten. Dem Kind genügt sicher der Besuch des Nikolaus im Kindergarten. Zu Hause darf er dann still und heimlich des Nachts kommen.

Heut ist Nikolausabend da

Bereiten Sie Kinder auf den Nikolaustag vor: Am späten Nachmittag des 5. oder 6. Dezember wird ein paar Schuhe herausgesucht. Die Kinder putzen sie blank, singen dabei das Nikolauslied oder sprechen ein kleines Gedicht. Auf den Tisch, die Fensterbank oder vor die Tür kommt etwas selbstgestalteter Schmuck für den nächtlichen Besucher: ein Tannenzweig mit einem Stern, ein Apfellicht oder auch ein gemaltes Bild, das Ihr Kind dem Nikolaus schenken möchte. Dazu die Schuhe, die jetzt blitzen und glänzen.

Am Abend zünden Sie die Kerze am Adventskranz an, singen wieder das Nikolauslied und erzählen die Legende. Die Kinder können auch überlegen, wem sie in nächster Zeit eine besondere Freude machen wollen, so wie einst der Bischof Nikolaus den Menschen seine Hilfe anbot und ihnen Freude bereitete.

Jedes Jahr aufs Neue werden die Kinder dann auf diese Augenblicke warten, die zuverlässig wiederkehren. Der Nikolaus füllt über Nacht die Schuhe mit Mandarinen, einem polierten Apfel,

Nüssen, Spekulatius oder anderen Knabbereien – eigentlich wenig und doch mit so viel Freude, Spannung, Überraschung verbunden. Vielleicht sind es ja, wie bereits erwähnt, die ersten Mandarinen, Marzipankartoffeln, Pfefferkuchen, die das Kind in diesem Winter erhält. Dann werden sie an keinem anderen Tag im Jahr so gut schmecken wie am Nikolaustag!

Am Morgen, wenn die Kinder die kleinen Gaben gefunden haben, singen sie bestimmt gerne die letzte Strophe des Nikolausliedes:

Niklaus ist ein guter Mann,
dem man nicht g´nug danken kann.
Lustig, lustig, trallalalala,
heut ist Nikolausabend da!

Niklaus, komm in unser Haus

Wer zu Hause nicht auf einen Nikolausauftritt verzichten will, sollte die Kinder mit ihren kleinen und großen Ängsten vor dem Besucher unbedingt ernst nehmen und sich in keiner Weise lustigmachen, wenn sie beschämt und hilflos reagieren. Schon die ungewöhnliche Kleidung löst bei vielen Kindern Unbehagen aus, deshalb sollte Nikolaus auf jeden Fall als guter Mensch kommen!

Für den besonderen Gast wird das Besuchszimmer mit Kerzen und Tannenzweigen geschmückt und ein Stuhl bereitgestellt. Vielleicht erzählt er eine der vielen Legenden. (Moralpredigten hält er selbstverständlich keine!). Die Kinder wiederum singen ihm das Nikolauslied vor – ein Erwachsener singt mit – oder zeigen, was sie im Advent schon gebastelt oder gemalt haben. Dann erhält jedes Kind ein Säckchen mit Naschwerk oder einer kleinen Überraschung (ein Kartenspiel, Knete, Bastelschere ...).

Sankt Nikolaus

Der Bischof Nikolaus lebte um das Jahr 350 in der Hafenstadt Myra. Heute heißt diese Stadt Demre und gehört zum asiatischen Teil der Türkei. Nikolaus war für seine Menschenfreundlichkeit bekannt, er galt als hilfsbereit und freigiebig. Viele Legenden erzählen von ihm: Nach einer Legende („Die drei Goldsäcke") warf Nikolaus nachts drei armen Mädchen Goldstücke ins Haus – hieraus entstand der Brauch, Kinder am Nikolaustag mit Gaben zu überraschen. Eine andere Legende („Das Kornwunder") erzählt von einer großen Hungersnot in Myra. Nikolaus bat Getreideschiffer, einen Teil ihrer kostbaren Ladung abzugeben. Die Menschen von Myra durften sich dann soviel Getreide holen, wie sie brauchten. Doch das Getreide auf den Schiffen nahm nicht ab.

Der 6. Dezember, der heutige Nikolaustag, soll sein Todestag gewesen sein. Früher, als man sich zum Weihnachtsfest noch nicht beschenkte, bekamen Kinder an diesem Tag kleine und auch größere Geschenke.

Stille Nacht, heilige Nacht

Am 24. Dezember ist es endlich soweit. Für die meisten Kinder dürfte es der längste Tag im Jahr sein – im Gegensatz zu uns Erwachsenen.

Auch wenn es noch so praktisch wäre, sollte der Tannenbaum nicht schon Tage zuvor, sondern erst jetzt aufgestellt werden. Sind kleinere Kinder im Haus, bleibt das Baumschmücken den Eltern vorbehalten. Und wenn dies zum Ritual geworden ist, lieben es selbst noch die Zehnjährigen, den Baum erst zu sehen, wenn das Glöckchen läutet. Das „Weihnachtszimmer" bleibt selbstverständlich während der letzten Stunden geschlossen.

Für Sie und die Kinder ist es wichtig, daß der Heilig Abend jedes Jahr den gleichen Ablauf hat. (Zumindest solange die Kinder noch kleiner sind und der „Familienrat" keine andere Gestaltung beschließt.) Kinder ertragen die Spannung dann leichter, denn sie wissen, was sie erwartet, und freuen sich auf das, was kommt. Und Sie haben Ihr festes Raster und gewinnen von Jahr zu Jahr mehr Organisationsgeschick.

Wer noch auf der Suche nach einem Heilig-Abend-Programm ist, findet hier Vorschläge.

Übrigens: Kinder lieben es, zumindest den Heilig Abend im kleinen Familienkreis zu feiern, und Ihnen tut ein „Familienabend" sicher auch gut. Zeit für Besuche ist gewiß noch später. Gönnen Sie sich diesen „stillen" Abend.

Alle Jahre wieder

- Ein Gottesdienst kann den Heilig Abend einleiten; vielleicht nimmt nur ein Elternteil daran teil, während der andere den Baum schmückt. Viele Pfarreien bieten für Kinder ein Krippenspiel an, das eine schöne Einstimmung auf das Fest in der Familie ist.
- An diesem Tag haben Sie nicht die Zeit, ein aufwendiges Festmahl zu bereiten, und die Kinder nicht die Geduld, lange am Tisch zu sitzen. Am besten ist eine einfache Mahlzeit, etwa Kartoffel-, Nudel- oder Reissalat, die schon am Vorabend zubereitet wurde und die Ihre Familie liebt. Vielleicht helfen ja alle zusammen.
- Nach dem Essen, wenn das Glöckchen läutet, geht endlich die Tür zum Weihnachtszimmer auf. Die Geschenke liegen unter einem großen Tuch verdeckt, so daß es den Kindern leichter fällt, sich auf den geschmückten Baum und das, was jetzt folgt, zu konzentrieren: Gemeinsam singen Sie ein Lied oder auch zwei. Dann lesen Sie eine Weihnachtsgeschichte vor.
- Sind die Geschenke in Papier eingepackt, ist es spannend (und ökologisch zugleich), wenn jeder darauf achtet, daß beim Auspacken das

Papier nicht zerreißt. Nicht zuletzt erhöht diese Sorgfalt auch die Freude aufs Geschenk.

- Der Abend klingt mit Spiel und Plauderei gemütlich aus, jeder sucht für seine Geschenke einen Platz im Weihnachtszimmer (eventuell kommt alles auf und unter einen separaten Gabentisch), und bevor die Kinder dann zu Bett gehen, erklingt zum Abschluß noch „O Tannenbaum ..."

In den Stunden vor der Bescherung

Hier ein paar Anregungen, wie für die Kleinen die Stunden bis zur Bescherung schneller vergehen:

- Die Kinder räumen das Spielzimmer „weihnachtlich" auf. Äußern Sie dies als Ihren Weihnachtswunsch an die Kinder. Fragen Sie die Kinder, ob sie einverstanden sind, wenn Sie sich das Zimmer erst kurz vor der Bescherung anschauen. Und drücken Sie ein Auge zu, wenn es nicht Ihren Vorstellungen entspricht, damit ersparen Sie sich und den Kindern Streß.
- Die Kinder decken den Tisch: Legen Sie Sets oder eine Tischdecke zurecht, und stellen Sie das Geschirr bereit. Teller und Besteck werden mit einem Tuch poliert, damit sie festlich glänzen. Sie glauben nicht, mit wieviel Vorsicht und Liebe Kinder diese Arbeit ausführen.
- Auch der Tischschmuck ist Kindersache: Mit Nüssen, kleinen Zapfen oder polierten Äpfeln schmücken sie selbständig den Tisch.
- Geben Sie den Kindern Schere und Goldpapier, jetzt können sie aus kurzen Streifen eine klassische Goldkette basteln (Klebestift verwenden) und Dreiecke ausschneiden, die übereinandergelegt je einen Stern ergeben. Goldkette und Sterne schmücken dann die Fensterbänke.
- Legen Sie den Kindern ein paar Mandalas zur Auswahl bereit, die sie dann nach eigenen Vorstellungen bunt ausmalen. Die Formen anschließend ausschneiden lassen und ins Fenster hängen.
- Geben Sie den Kindern eine Kassette – nicht zum Anhören, sondern damit sie ihre eigene Weihnachtskassette aufnehmen. Schon ab vier Jahren können Kinder dies selbständig: Lieder singen, Weihnachtswünsche und kleine Geschichten darauf sprechen, erzählen, was ihnen in den letzten Tagen besonders gut gefallen hat und wem sie demnächst eine Freude bereiten wollen. Auch die erste gemeinsame Stunde unterm Tannenbaum kann auf dieses Band. Diese Kassette wird bestimmt der „Hit des Jahres" und in späteren Jahren eine schöne Erinnerung!

Stille Nacht

Gestreßte Eltern unterm Tannenbaum bringen keine Weihnachtsstimmung. Seien Sie deshalb an diesen Tagen auch sich selbst gegenüber nachsichtig und großzügig. Schließlich findet kein Wettbewerb statt. Genießen Sie die Heilige Nacht in Ruhe.

Impressum

Renate Ferrari, geboren 1953 in Würselen, Landkreis Aachen, hat nach ihrer Ausbildung als Erzieherin 15 Jahre einen Kindergarten in der Nähe von Freiburg geleitet. Nach der Geburt ihres Sohnen gab sie ihren Beruf auf und war vielen Kindern eine wertvolle Tagesmutter. Seit mehreren Jahren ist sie Chefredakteurin der Elternzeitschrift „mobile" (Verlag Herder) und arbeitet als Referentin bei verschiedenen Elternseminaren
Im Christophorus-Verlag hat sie folgende Bücher veröffentlicht:

Bald komm' ich in die Schule
Ein Eltern-Kind-Begleiter zur Vorbereitung auf die Schule

Fantasie für kleine Hände
Freies Gestalten und Basteln mit Kindern

Wörter haben bunte Flügel
Mit Fantasie in die Welt der Sprache

Renate Ferrari lebt heute mit ihrem Mann und ihrem Sohn in Frankreich.

Printed in Belgium

ISBN 3-419-52894-9

Fotos: Heidi Velten Coverfoto, Seite 21 u., 32
Christoph Schmotz Seite 6 u., 7, 8 u., 9, 15 - 19, 22, 23, 26, 27, 31 o., 33, 35, 37, 40 - 45, 51 - 60, 63, 65, 66 - 68, 71, 74 - 77, 80 - 82, 85
Uwe Stohrer Seite 5, 6 o., 8, 10 - 13, 20, 21, 25, 28 - 30, 31 u., 33, 34, 39, 48 - 50, 61, 80, 83, 84, 86, 87
Jutta Weser Seite 38, 46, 64, 69, 78, 79
Lektorat: Birgit Oesterle
Umschlaggestaltung und Layoutentwurf:
Network!, München
Layout und Gesamtproduktion:
Uwe Stohrer Werbung, Freiburg
Herstellung: Proost, Turnhout 1999

Hier zeigen wir Ihnen eine Auswahl unserer beliebten und erfolgreichen Bücher – und wir haben noch viele andere im Programm. Wir informieren Sie gerne, fordern Sie einfach unsere Themenprospekte an:

Bücher für Eltern und Kinder

Basteln, Spielen und Lernen mit Kindern

Bücher für Ihre Hobbys

Wir sind für Sie da, wenn Sie Fragen haben.
Und wir interessieren uns für Ihre eigenen Ideen und Anregungen. Faxen Sie, schreiben Sie oder rufen Sie uns an.
Wir hören gerne von Ihnen!

Ihr Christophorus-Verlag

Christophorus
Bücher mit Ideen

Hermann-Herder-Straße 4
79104 Freiburg i, Breisgau
Telefon: 0761 / 2717 - 268 oder
Fax: 0761 / 2717 - 352